Ernst Würzburger

Die schönsten Radtouren
im Weserbergland

W0190603

Ernst Würzburger

Die schönsten
Radtouren
im
WESERBERGLAND

© Copyright 1995 by BVA - Bielefelder Verlagsanstalt GmbH & Co. KG,
Bielefeld
Alle Rechte vorbehalten, Nachdruck, auch auszugsweise, sowie
fotomechanische Wiedergabe nur mit Genehmigung des Verlages.
Titelgestaltung: Rainer Schotte
Titelfotos/Fotos: Transglobe, Hamburg;
Landkreis Holzminden; Würzburger, Höxter;
Kartographie: Pietruska & Partner
Herstellung: Klingenberg Buchkunst Leipzig
ISBN: 3-87073-148-6

Inhalt

Radwandern im Weserbergland

Im *Weserbergland* Radwandern? Geht das nicht nur im Wesertal oder in den Seitentälern? Dieser häufig zu hörenden Vorstellung soll mit diesem Radwanderführer entgegengetreten werden. Richtig ist selbstverständlich, daß in dieser Region immer wieder Höhen überwunden werden müssen, die aber etwa im Bereich des Naturparks Solling-Vogler maximal bis zu rund 400 m Höhenunterschied ausmachen. Starker Gegenwind in der Ebene kostet da vielfach auch nicht weniger Kraft. Dafür wird man hier aber durch vielfältige Naturerlebnisse, zahlreiche Freizeit- und Erholungsmöglichkeiten entschädigt, und es gibt viele kulturelle Schätze und historische Bauwerke in einer abwechslungsreichen und geschichtsträchtigen Kulturlandschaft im wahrsten Sinne des Wortes zu „erfahren".

Das Weserbergland

Das *Weserbergland* − seit über hundert Jahren als zusammenhängende touristische Einheit betrachtet und seit der Vereinigung beider deutscher Staaten wieder im Herzen Deutschlands gelegen − ist eine ausgesprochen *märchenhafte* Ferienregion, die die vielfältigsten Eindrücke und Erlebnisse vermittelt, aber dennoch nicht überlaufen ist.

Stichworte zu dieser Region mit den sanften Hügeln, Tälern und Flußauen sind etwa Märchen und Sagen − vom Wunderdoktor Eisenbart über Bodenwerders Lügenbaron Münchhausen bis zum Rattenfänger von Hameln − oder die vielen eindrucksvollen Bauwerke der Weserrenaissance.

Dementsprechend führen auch die *Deutsche Märchenstraße* oder die *Straße der Weserrenaissance* mitten durch das *Weserbergland*, die Region beiderseits der Weser zwischen Hann Münden und Hameln.

Das *Weserbergland* ist eine Ansammlung verschiedener Höhenzüge, welche geologisch unterschiedlich aufgebaut sind. Es reicht im Süden von Kassel bis zum Weserdurchbruch an der Porta Westfalica bei Minden. Wir beschränken uns hier auf das Kerngebiet des Weserberglandes von Hann.Münden, wo mit dem Zusammenfluß von Fulda und Werra die Weser beginnt, bis nach Hameln. In sanften Bögen schlängelt sie sich längs der Hänge des Reinhardswaldes und Bramwaldes, nimmt in der Hugenottenstadt Bad Karlshafen die Diemel auf, fließt ab der Fachwerkstadt Höxter – dem Herzen des Weserberglandes – durch eine breite Aue, begleitet von den bewaldeten Höhenzügen Solling und Vogler sowie der Ottensteiner Hochfläche, um nach einer letzten großen Schleife um die Münchhausenstadt Bodenwerder der „Rattenfängerstadt" Hameln entgegenzufließen. Begrenzt wird das Weserbergland, eine Mittelgebirgslandschaft, im Westen durch den Naturpark Teutoburger Wald/Eggegebirge und im Osten durch das Leinebergland. Die höchste Erhebung befindet sich mit 528 m im Solling, einem flach gewölbten Bergzug östlich der Weser. Auf der westlichen Seite gegenüber befindet sich der seine Umgebung deutlich überragende Köterberg (496 m), der zudem von einem hohen Fernmeldeturm gekrönt wird.

Gekennzeichnet ist die Region im südlichen Bereich und östlich der Weser insbesondere durch bewaldete Höhenzüge, während der westliche und nördliche Teil eher durch großflächigen Wechsel von Wald, Ackerland oder Wiesen charakterisiert ist. Der Bevölkerungsschwerpunkt und die Hauptverkehrsachse der Region liegt verständlicherweise im Wesertal. Aber auch abseits des Wesertales befinden sich einige Städte sowie zahlreiche idyllische Dörfer. Das beschriebene Gebiet hat eine Nord-Süd-Ausdehnung von rund 130 km und reicht etwa bis zu maximal 30 km beiderseits der Weser.

Die Weser, Namensgeber der Region, war auch im Oberweserraum in vergangenen Zeiten eine wichtige Handelsstraße, wobei früher sowohl die Flößerei als auch die Frachtschiffahrt von Bedeutung war. Die 1883 zur Förderung des Fremdenverkehrs im Weserbergland gegründete „Oberweser-Dampfschiffahrtsgesellschaft" existiert heute noch unter diesem Namen, wenngleich die modernen Fahrgastschiffe längst von Dieselmotoren angetrieben werden.

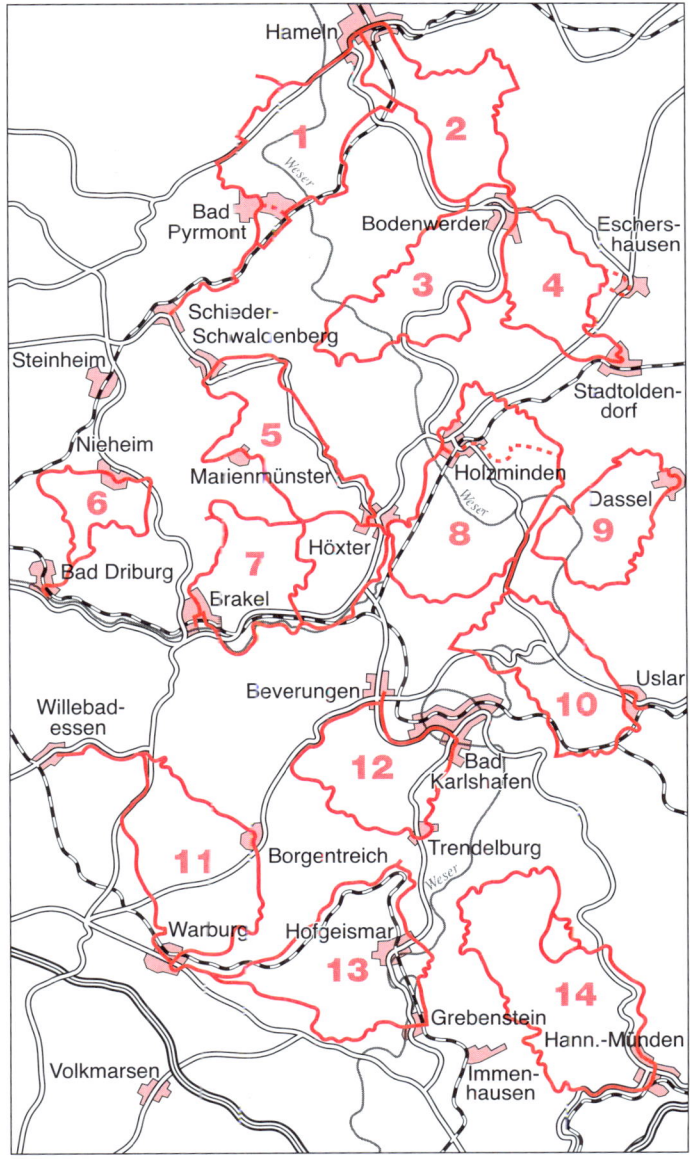

Hameln

1

Weser

2

Bad
Pyrmont

Bodenwerder

Eschers-
hausen

Schieder-
Schwalcenberg

3

4

Steinheim

Stadtoldendorf

Nieheim

5

Marienmünster

Holzminden

Weser

Dassel

6

9

Bad Driburg

7

Höxter

8

Brakel

Beverungen

Uslar

10

Willebad-
essen

Bad
Karlshafen

12

Borgentreich

Trendelburg

11

Weser

Warburg

Hofgeismar

13

14

Grebenstein

Hann.-Münden

Volkmarsen

Immen-
hausen

9

Charakteristik der Touren

Die 14 vorgeschlagenen Radtouren dieses Radwanderführers mit Strecken zwischen 40 und 65 km Länge führen in die gesamte Region beiderseits der Weser zwischen Hann.Münden und Hameln und können als Ergänzung der beiden vorhandenen überregionalen Radwanderwege angesehen werden, die das Weserbergland durchschneiden und sich in Höxter kreuzen: der Euro-Route R 1, die inzwischen von der französischen Kanalküste über Holland nach Höxter und seit kurzem dann weiter über Berlin bis an die polnische Grenze reicht, und dem Weser-Radfernweg, der die Weser von Hann.Münden bis Bremerhaven über eine Strecke von 426 km begleitet.

Alle Radtouren sind durchaus als Tagesetappen zu schaffen und sind zudem alle miteinander vernetzt. So können teilweise im Verbund mit den beiden großen überregionalen Radwanderwegen oder einer Schiffstour auf der Weser auch zahlreiche weiträumigere Streckenfahrten oder Mehrtagestouren nach eigenen Interessen oder Bedürfnissen individuell zusammengestellt werden.

Zumeist führen die über 700 km der ausgewählten Routen über ausgewiesene Radwege, verkehrsarme Nebenstraßen, teilweise über asphaltierte Wirtschaftswege oder gut befahrbare Forstwege. Im vom Verkehr stärker frequentierten Wesertal führen fast alle Strecken entweder über abseits vom Straßenverkehr geführte Radwege oder über straßenbegleitende separate Radwege.

Ausrüstung

Voraussetzung für ein ungetrübtes Radwandern ist eine gute Ausrüstung. Kernstück ist natürlich ein der Körpergröße angepaßtes Fahrrad aus dem Fachhandel, das über eine den jeweiligen Bedürfnissen entsprechende Schaltung, einen ordentlichen Sattel (am besten einen eingesessenen Ledersattel) und stabilen Gepäckträger verfügt.

Die teilweise längeren und mitunter auch stärkeren Anstiege

10

erfordern allerdings eine Schaltung, über die die meisten heute angebotenen Fahrräder – egal ob Tourenrad, Reiserad, All-Terrain-Bike oder Mountain-Bike – ohnehin zumeist in ausreichender Abstufung – sowohl als Ketten- oder Nabenschaltung – verfügen. Zudem läßt sich jedes Fahrrad durch Änderung des Kettenblattes oder der Ritzel etwas „berggängiger" machen.

Andererseits sollten die benutzten Fahrräder für die teilweise rasanten Abfahrten über eine gut eingestellte und wirksame Bremsanlage verfügen. Nicht alle Strecken sind für Rennräder mit schmalen Hochdruckreifen geeignet. An einigen Orten sind auch Leihfahrräder zu bekommen, die aber nicht unbedingt für alle Touren geeignet sind.

Wichtig ist auch eine angepaßte Kleidung, wobei auch Fahrradhosen für ungetrübtes Radeln kein Tabu mehr sein sollten. Die Sportbekleidungs- und Zubehörindustrie bietet heute für Radwanderer ein allen Ansprüchen und Witterungsbedingungen gerecht werdendes Sortiment an. Da die Strecken zum großen Teil über dünnbesiedelte Gebiete führen, sind eine Mindestausstattung an Werkzeug und Flickzeug (Ersatzschlauch) sowie eine Erste-Hilfe-Ausstattung empfehlenswert.

Übernachtung und Verpflegung

Die anfängliche Skepsis mancher Übernachtungsbetriebe gegenüber den noch unbekannten Fahrradtouristen ist mit dem Ausbau der überregionalen Fahrradwege und dem Fahrradboom im Weserbergland inzwischen gewichen. Die gesamte Ferienregion zwischen Hann.Münden und Hameln verfügt zwar über ein insgesamt ausreichendes Bettenangebot in Gasthöfen, Pensionen oder Hotels, aber in der Haupturlaubszeit kann es mitunter zu Engpässen kommen. Und nicht jeder Anbieter von Privatquartieren ist bereit, sein Zimmer nur für eine Nacht zu überlassen.

Über die drei überregionalen Fremdenverkehrsverbände der Gesamtregion („Weserbergland-Mittelweser", Postf. 100 339, 31753 Hameln, Telefon 0 51 51 / 2 45 66, Telefax 0 51 51 / 2 68 32; „Teutoburger Wald", Felix-Fechenbach-Straße 3, 32719 Det-

mold, Telefon 0 52 31 / 62 34 73, Telefax 0 52 31 / 62 34 78; „We-
ser-Diemel-Fulda", Humboldtstraße 24, 34117 Kassel, Telefon
05 61 / 1 00 32 88) sind alle wichtigen Informationen über das
Weserbergland sowie über die jeweils angeschlossenen regionalen bzw. lokalen Fremdenverkehrseinrichtungen zu erfahren.
Die drei Regionalverbände werden unter der Überschrift „Informationen" bei den jeweiligen Touren nicht mehr extra aufgeführt. Einen umfangreichen Angebotskatalog mit zentraler Zim-
mervermittlung für 28 Orte des südniedersächsischen Teils des
Weserberglandes bietet auch die Weserbergland Touristik
GmbH, Graftstraße 1, 37170 Uslar, Telefon 0 55 71 / 50 44, Telefax
0 55 71 / 78 06.

Die meisten Campingplätze befinden sich im Wesertal und haben in der Regel auch Platz für Radwanderer mit Zelten.

Jugendherbergen gibt es derzeit in Hann.Münden, Helmarshausen, Bad Karlshafen, Bad Driburg, Uslar, Höxter, Holzminden,
Holzminden-Silberborn, Bodenwerder und Hameln.

Alle größeren Orte und Städte verfügen über ein vielfältiges
Verpflegungsangebot. Viele der Landgasthöfe in kleineren Orten
oder auch Städten sind während der Woche tagsüber geschlossen oder haben nur an Wochenenden geöffnet, so daß sich auf
diesen Touren die Mitnahme von Verpflegung anbietet oder man
rechtzeitig unterwegs Proviant einkaufen sollte.

Fahrrad und Bahn

Wie so viele andere Regionen auch, ist das Weserbergland
keine Bahn-Region, wobei dies zum Teil an den topographischen Verhältnissen und nicht nur an der Ausdünnung des
Bahnverkehrs liegt. Im wesentlichen wird die Region durch die
Leine-Weserbahn (355) erschlossen, die im Westen in Altenbeken (IR 20 Düsseldorf-Chemnitz) und im Osten in Kreiensen
(IR 12 Hamburg-Kassel mit Verbindungen nach Süddeutsch-
land) Anschluß an das InterRegio-Netz hat, das für Fahrradtouristen von besonderem Interesse ist. Die zweite regionale Bahnstrecke (356) führt von Paderborn (IR 20) über Bad Karlshafen
nach Göttingen oder Northeim (IR 12), wo ebenfalls Anschluß

an das IR-Netz besteht. Im Norden besteht von Hameln aus ein direkter Anschluß ans IR-Netz mit Hannover (IR 17 Aachen – Dresden; IR 16 Amsterdam – Berlin; IR 14 Norddeich/Wilhelms-haven) und im Süden von Hann.Münden mit Kassel (IR 12; IR 19 Frankfurt – Konstanz) Zudem ist im südlichen Bereich die Stadt Warburg Haltepunkt für den InterRegio (IR 20). Die An- und Abreise über Hameln hat für Radfahrer noch einen weiteren Vorteil. Von Bielefeld (IR 17) aus wird Hameln z. Z. im 2-Stun-den-Takt angefahren, von Hildesheim z. T. mit Anschluß aus Magdeburg (IR 17, 42, 31) noch öfter; in umgekehrter Richtung gibt es die gleichen Anschlüsse.

Alle IR-Linien fahren im 2-Stunden-Takt, nur die Linie 16 hat einen 4-Stunden-Takt. Jeder IR-Zug führt ein Fahrradabteil mit acht Fahrradplätzen. Alle Nahverkehrszüge (N-, E-, City-Bahn) nehmen Fahrradeinzelfahrer auch dann mit, wenn kein Gepäck-abteil vorhanden ist. Gruppenreisende mit mehr als fünf Rädern können nur Züge mit Gepäckabteil nutzen und müssen sich bei den Fahrkartenverkaufsstellen frühzeitig voranmelden.

Bis auf zwei Touren, bei denen es keinen Bahnanschluß gibt, beginnen und enden alle anderen Touren an Bahnhöfen. Ob die noch vorhandenen Bahnverbindungen auch in Zukunft gesi-chert sind, muß wohl längerfristig mit einem Fragezeichen ver-sehen werden.

Fahrrad und Weser-Fahrgastschiffe

Bei Touren im Weserbergland bieten sich selbstverständlich viel-fältige Varianten n Kombination mit der Fahrt auf Fahrgastschiffen der Oberweser-Dampfschiffahrtsgesellschaft und der Linie 2000 (Personenschiffahrt im Hessischen Weserbergland) an, die zwi-schen Hameln und Hann.Münden neben einem Liniendienst von einigen Städten aus auch Rundfahrten anbieten, wobei selbstverständlich auch das Fahrrad seinen Platz auf Deck fin-det.

Informationen und ausführliche Fahrpläne gibt es für die Strecke zwischen Hameln und Bad Karlshafen bei der Oberweser-Dampfschiffahrt GmbH, Inselstraße 3, 31787 Hameln, Telefon 0 51 51 / 2 20 16, Telefax 0 51 51 / 2 30 40, und für die Strecke zwischen Bad Karlshafen und Hann. Münden bei der Linie 2000, Postfach 1265, 34385 Bad Karlshafen, Telefon 0 56 72 / 10 22, Telefax 0 56 72 / 10 25.

Karten

Einen Gesamtüberblick für alle Touren dieses Radwanderführers bietet die ADFC-Radtourenkarte „Ostwestfalen-Sauerland" (Nummer 11) im Maßstab 1:150 000. Sie wird deshalb bei den einzelnen Touren nicht mehr extra aufgeführt. Soweit vorhanden werden dort andere Karten mit größerem Maßstab genannt.

Empfehlenswert ist die Mitnahme von Karten insbesondere für die Radler, die Touren miteinander verknüpfen oder auf eigene Faust abwandeln wollen.

Wer das Buch unterwegs etwas schonen will, dem sei empfohlen, vor Antritt der Fahrt etwas vergrößerte Fotokopien der einzelnen Touren anzufertigen oder die ausgewählte Tour mit einem Textmarker auf die vorhandene Radwanderkarte zu übertragen.

Gebrauch des Führers

Die 14 Rundtouren werden nur in einer Richtung beschrieben, wobei dies teilweise aus topographischen Gründen gleichzeitig als Empfehlung anzusehen ist. Selbstverständlich können trotzdem alle Touren auch in umgekehrter Richtung abgeradelt werden.

Auffallen mag zunächst die ausführliche Beschreibung der Touren. Hintergrund dabei ist, daß es dem Radwanderer ermöglicht werden soll, sein Ziel auch ohne weitere Hilfsmittel möglichst sicher zu erreichen. Bewußt wurde fast ganz darauf verzichtet, den Radwanderer nur auf die erfreulicherweise schon zahlreich bestehenden und teilweise auch ausgeschilderten Radwege zu verweisen, über die die Touren teilweise führen, da offensicht-

14

lich kaum etwas kurzlebiger sein kann, als eine durchgehende Ausschilderung von Radwegen, der man getrost folgen könnte. Dies ist übrigens eine langjährige Erfahrung des Autors, die sich nicht nur auf das Weserbergland beschränkt.

Auf die Öffnungszeiten oder Ruhetage der angegebenen Gaststätten – die nur eine Auswahl darstellen – wurde ebenso verzichtet wie auch auf die Angabe der Öffnungszeiten von Museen, da sich diese erfahrungsgemäß häufig ändern. Wo es sinnvoll erscheint, insbesondere bei kleineren Museen, werden Telefonnummern angegeben, unter denen man sich über Öffnungszeiten informieren kann.

Radeln und Umweltschutz

Wenngleich es eine Selbstverständlichkeit sein sollte, sei es zuguterletzt noch erlaubt, an den guten Ruf der Radwanderer zu erinnern: Von ihnen wird behauptet, daß sie als besonders umweltbewußte Menschen in Naturschutz- oder Landschaftsschutzgebieten sowie im Wald die vorgegebenen Wege nicht verlassen, keine Pflanzen pflücken, keine Tiere aufscheuchen, Proviant und Getränke weitestgehend ohne überflüssige Verpackungen mitführen und den dann kaum noch anfallenden Müll auch wieder mitnehmen.

Ergänzungen und Kritik

Alle Touren dieses Radwanderführers wurden vom Autor persönlich abgefahren, und die ergänzenden Recherchen wurden mit großer Gewissenhaftigkeit durchgeführt. Sollten sich dennoch Fehler eingeschlichen haben oder sich aufgrund von Baumaßnahmen oder der Weiterentwicklung des Radwegenetzes Änderungen ergeben haben, werden von Autor und Verlag entsprechende Hinweise dankbar entgegengenommen.

Tour 1

Schlösser und Palmengarten – Von der Rattenfängerstadt zum niedersächsischen Staatsbad

Der niedersächsische Landkreis Hameln-Pyrmont reicht von den Ausläufern des Pyrmonter Berglandes bis an die Weser. Gleichzeitig sind die beiden Städte, die dem Landkreis den Namen geben, die „Rattenfängerstadt" Hameln und das niedersächsische Staatsbad Bad Pyrmont, weit über die Grenzen unseres Landes hinaus bekannt. Westlich und südlich von Bad Pyrmont schließt sich das südliche Lippische Bergland an, zu dem bereits das ostwestfälische Lügde, früher einmal eine Exklave des Kreises Höxter, und Schieder gehören.

Bei dieser Tour ins Lippische lernen wir drei Schlösser kennen. Und wem deren Ansicht von außen genügt, dem bleibt noch genügend Zeit, am Emmerstausee zahlreiche Freizeitangebote in Anspruch zu nehmen. Zurück nach Hameln geht es durchs Tal der Emmer und längs der Weser.

Start und Ziel: Bahnhof Hameln mit Anschluß ans IR-Netz in Hannover (stündlich verkehrende Citybahn nach Bad Pyrmont) im Norden, Elze im Osten oder Altenbeken im Westen

Streckenlänge: 65 km

Verknüpfungsmöglichkeiten: im Osten in Hagenohsen (Weser) mit Tour 2 und im Süden von Lügde über Elbrinxen (Tausendjährige Linde) nach Rischenau oder von Schieder nach Schwalenberg an Tour 5 bzw. über Rischenau nach Falkenhagen mit Tour 3

Steigungen: nur ein nennenswerter Anstieg am Grießemer Berg (von Reher nach Bad Pyrmont)

Wegebeschaffenheit: bis auf kurze Teilstücke durchweg asphaltiert

16

Das historische Lügde

Brunnenhaus Bad Pyrmont

Die Grohnder Fähre

Sehenswürdigkeiten: *Hameln:* historische Altstadt mit zahlreichen Weserrenaissance- und Fachwerkbauten, Rattenfängerspiele
Bad Pyrmont: Kurpark mit Palmengarten, Schloß, Dunsthöhle
Lügde: historisches Stadtbild, romanische Kilianskirche
Schieder: Schloß
Hämelschenburg: Schloß

Gaststätten: zahlreiche Gaststätten in Hameln und Bad Pyrmont sowie am Emmerstausee; außerhalb der beiden Städte in Lügde „Turmschänke" und „Altes Brauhaus" sowie in Hämelschenburg die „Schloßschänke"

Karten: Radwanderkarte „Lipperland" 1 : 50 000 (Landesvermessungsamt Nordrhein-Westfalen)

Informationen: Landkreis Hameln-Pyrmont, Verkehrsverein Hameln, Deisterallee, 31785 Hameln, Telefon 0 51 51 / 20 26 17 oder 20 26 18, Telefax 0 51 51 / 20 25 00; WMG Lippe, Bachstraße 45, 32756 Detmold, Telefon 0 52 31 / 96 78 30

Wem fällt beim Stichwort „Rattenfänger" nicht sofort das weltweit bekannte **Hameln** mit seiner schönen Altstadt und den herrlichen Weserrenaissancebauten ein. Nach den Brüdern Grimm wollte im Jahre 1284 ein „wunderlicher Mann" gegen ein gewisses Entgelt Hameln von Ratten befreien. Als er um seinen Lohn geprellt wurde, entführte er durch das Ostertor einhundertdreißig Kinder. Die historischen Hintergründe dieser Sage sind allerdings bis heute umstritten. Dennoch lockt das von Mitte Mai bis Mitte September stattfindende Rattenfängerspiel, das jeweils sonntags um 12 Uhr auf der Hochzeitshaus-Terrasse geboten wird, jährlich Tausende von Touristen an. Die Geschichte Hamelns wird um das Jahr 800 greifbar, als unweit einer frühgeschichtlichen Siedlung die Reichsabtei Fulda ein Benediktiner-Kloster gründete. Erstmals urkundlich als Stadt wird Hameln um 1200 genannt, und Anfang des 15. Jahrhunderts wurde es Hansestadt.

Besonders sehenswert die prächtigen Bürgerhäuser des 16. bis 18. Jahrhunderts, insbesondere in der Osterstraße das Rattenfängerhaus (1602/03), das Leisthaus (1589) und das benach-

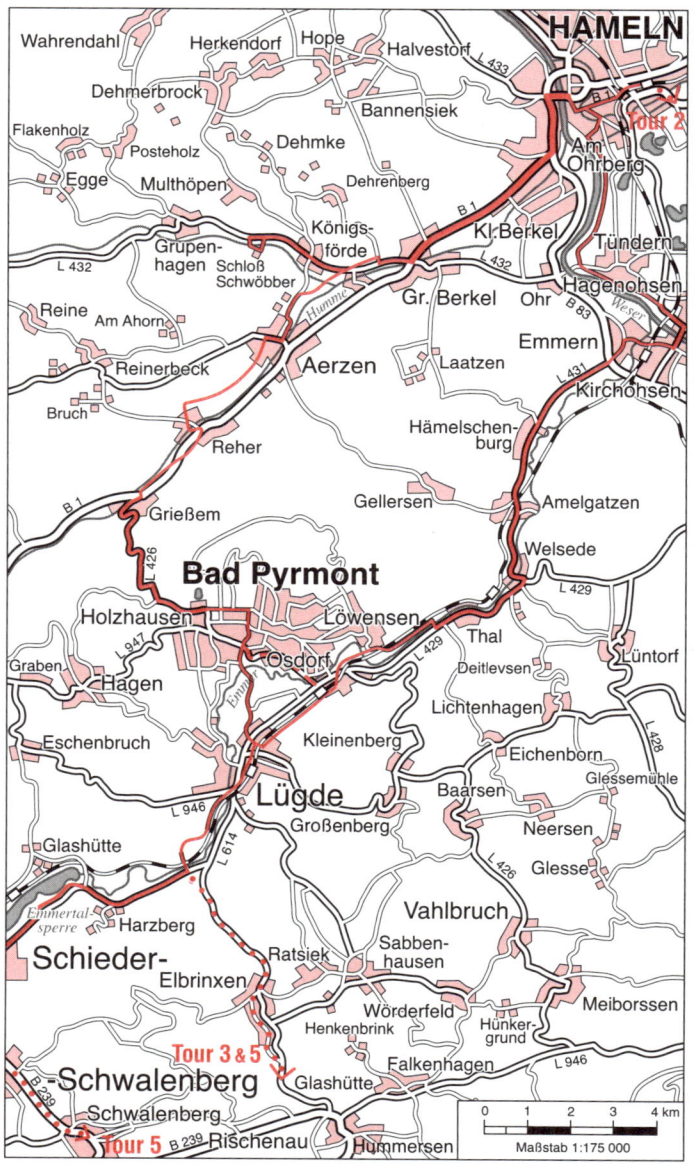

barte Stiftsherrenhaus (in beiden Weserrenaissancebauten befindet sich auch das Hamelner Museum, das neben Sammlungen zur Früh- und Stadtgeschichte eine Dokumentation zur Rattenfängersage beherbergt), das Hochzeitshaus (1610-17) sowie die Münsterkirche St. Bonifatius, deren ältester Teil aus dem 12. Jahrhundert stammt.

Für die Zeit eines unbeschwerten Stadtbummels bietet Hameln den Fahrradtouristen in der Tiefgarage der Rattenfänger-Halle, die sich am Südrand der Altstadt befindet, gegen geringe Gebühren 50 abschließbare Fahrradboxen an.

Bei der kurzen Beschreibung Hamelns bieten sich im Anschluß daran gleich einige Informationen zum Begriff **Weserrenaissance** an, der auch in diesem Radwanderführer immer wieder auftaucht. Der europäische Baustil der Renaissance hat im 16. und 17. Jahrhundert im Weserraum eine besondere Ausprägung erfahren, wobei während einer Zeit wirtschaftlicher Blüte (etwa 1520 bis 1620) insbesondere an der mittleren und oberen Weser von den jeweiligen Landesherren viele neue Schlösser erbaut oder alte durchgreifend umgestaltet wurden. Aber auch Bürger und Bauern errichteten prachtvolle Rathäuser, Wohnhäuser oder Gehöfte als Steinbauten oder in Fachwerkbauweise. Besonders charakteristisch sind dabei die Fassadengestaltungen, die so auffällig sind, daß sich der Begriff „Weserrenaissance" ergab. Besonders typische Elemente sind die geschwungenen Giebel nach italienischem Vorbild, Kerbschnitt-Bossensteine, besondere Ornamente an Giebelkanten und Portalen, im Fachwerkbau die aus dem italienischen Muschelmotiv abgeleiteten Fächerrosetten oder die „Utlucht", erkerartige Vorbauten.

Bleibendes Ergebnis des Jahres der Weserrenaissance 1989 in Niedersachsen, Nordrhein-Westfalen, Bremen und Nordhessen nach der Eröffnung des Weserrenaissance-Museums Schloß Brake (Lemgo) ist die „Straße der Weserrenaissance", der 1994 noch ein entsprechendes Angebot für Radler folgte. (Radwanderkarte „Radwege zur Weserrenaissance", 1:75 000, Bielefelder Verlagsanstalt)

Wir radeln vom Bahnhof **Hameln** halbrechts über die Bahnhofstraße und dann nach links über die Deisterstraße geradeaus direkt in die Altstadt (Fußgängerzone). Über die südliche Münsterbrücke überqueren wir die Weser, halten uns links und folgen der Pyrmonter Straße.

Am Ortsausgang folgen wir der rechts abknickenden B 1, die in Richtung *Barntrup* führt, benutzen dabei den straßenbegleitenden Radweg bis **Groß-Berkel**, um dort der rechts abbiegenden Landstraße in Richtung *Extertal* zu folgen. Am Ortsende geht es rechts ab und wir folgen dem gleich nach links abbiegenden Radweg, der auf einer ehemaligen Bahntrasse bis nach **Aerzen** führt.

Auf dem Radweg nach *Aerzen* bietet sich ein lohnender Abstecher zum *Schloß Schwöbber* an, der die Gesamtstrecke um etwa vier Kilometer verlängert.

Bei der Einmündung auf die asphaltierte Querstraße biegt man rechts ab, kommt gleich durch **Königsförde** und erreicht nach gut 1,5 km *Schwöbber*.

Schloß Schwöbber gehört zu einem der schönsten Bauten der Weserrenaissance. 1570 wurde mit dem Bau des Hauptflügels begonnen. Die Vollendung im Jahre 1576 konnte Hilmar von Münchhausen, dem das Schloß als Ruhesitz dienen sollte, allerdings nicht mehr erleben.

Um die Tour fortzusetzen fährt man wieder zurück und biegt rechts nach *Aerzen* ab. In *Aerzen* biegen wir an der Einmündung rechts in die Reinerbecker Straße ab und nach etwa 300 m nach links in die Greberstraße ein. Am Ortsende beginnt ein Wirtschaftsweg nach **Reher**, der allerdings über eineinhalb Kilometer nur geschottert ist. (Bei regnerischem Wetter empfiehlt sich für dieses kurze Stück der straßenbegleitende Radweg an der B 1.) Wir erreichen Reher und fahren links abbiegend in den Ort hinein. Am Ortsende zweigt nach rechts ein ausgeschilderter Radweg ab, der uns längs der Bahnlinie bis nach **Grießem** führt, wo wir auf die B 1 stoßen. Schräg links zweigt von der B 1 die Landstraße nach *Bad Pyrmont* ab, der wir folgen.

Bereits am Ortsende beginnt nun die einzige rennens-
werte Steigung, wobei auf etwa zwei Kilometern ein Anstieg mittlerer Schwierigkeit zu überwinden ist. Nun geht
es steil abwärts, wobei die Landstraße nach einer großen
Schleife eine fast rechtwinklige Biegung nach rechts
macht. Dort verlassen wir die Landstraße und fahren
geradeaus auf einem Wirtschaftsweg, der bald rechts
abknickt und an der Einmündung links nach *Bad Pyrmont*
hineinführt. Dort fahren wir immer geradeaus und folgen
der Ausschilderung *Parkplatz Rathaus*. Nach etwa 1200 m
geht rechts die Bombergallee ab, wo wir gleich den Fuß-
gängerbereich mit Kurpark, Palmengarten und Schloß
erreichen.

Die Heilquellen von **Bad Pyrmont**, die wahrscheinlich schon
zur römischen Kaiserzeit bekannt waren, sind die Grundlage
eines traditionsreichen Heilbades mit einem berühmten Kurpark.

Bereits 1556 pilgerte man schon zum „Wundergeläuf" an den
„Hylligen Born". Mit dem Pyrmonter Fürstensommer von 1681
begann der unaufhaltsame Aufstieg. Neben zahlreichen gekrön-
ten Häuptern, darunter der Alte Fritz, Zar Peter der Große oder
Könige von England, Holland oder Dänemark, haben auch zahlreiche Poeten – von Lessing über Herder bis Goethe – sowie
Gelehrte (Leibnitz, Humboldt) und Künstler (Telemann, Lort-
zing) Pyrmont ihre Referenz erwiesen.

Die Hauptallee, die von der Wandelhalle am Brunnenplatz abgeht, ist die älteste Kurparkanlage der Welt. Sehenswert neben
dem berühmten Kurpark mit dem Palmengarten ist die Festung
mit Schloß, in dem heute ein Museum untergebracht ist. In
den Prunkräumen der Sommerresidenz der Fürsten von Wal-
deck-Pyrmont finden heute ständig wechselnde Ausstellungen
statt.

Abkürzung: In Bad Pyrmont besteht nun die Möglichkeit,
die Tour abzukürzen und direkt nach Hameln weiterzuradeln. Am einfachsten ist es dabei, die Stadt östlich des
Brunnenplatzes in südöstlicher Richtung über die Lort-
zingstraße und deren Verlängerungen zu verlassen, wo-

bei man dann nach etwa 1,2 km die *Emmer* überquert und gleich nach links in die Dringenauer Straße einbiegt.

Zur **Fortsetzung der Tour** verlassen wir *Bad Pyrmont* über die südlich des Schlosses gelegene Schloßstraße, überqueren die Südstraße, um dann der gegenüberliegend beginnenden Emmerstraße zu folgen, die in südlicher Richtung auf einem Wirtschaftsweg direkt nach *Lügde* führt.

Die historische Kleinstadt **Lügde** wird 784 erstmals urkundlich erwähnt, nachdem Würzburger Missionare die erste Kilianskirche errichtet und im gleichen Jahr dort Karl der Große das Weihnachtsfest gefeiert hatte. Die heutige Kilianskirche wurde im 12. Jahrhundert erbaut, wobei der jetzt noch bestehende Turm von 1050 ist. Im ersten Drittel des 13. Jahrhunderts erfolgte ein planmäßiger Stadtausbau mit heute noch vorhandener, ca. 1500 m langer Stadtmauer mit Wehrgraben und Wehrtürmen. Neben einem im 15. Jahrhundert gegründeten Augustinernonnenkloster ist noch die Gründung eines Franziskanerklosters nennenswert.

Typische Ackerbürgerhäuser, die überwiegend nach der letzten großen Brandkatastrophe im Jahre 1797 errichtet wurden, bestimmen das Ortsbild, wobei insbesondere die Häuserzeilen in der Hinteren Straße sehenswert sind. Dort laden die Gaststätten „Turmschänke" und „Altes Brauhaus" mit schattigen Biergärten zum Verweilen ein. Weit über die nähere Umgebung hinaus ist Lügde heute wegen eines in Deutschland einmaligen Brauchtums bekannt, den Osterräderlauf. Auf einen heidnisch-germanischen Brauch zurückgehend werden dabei an jedem ersten Osterabend mannshohe Eichenräder, die mit Roggenstroh gestopft sind, in der Dunkelheit entzündet und dann auf einer etwa 650 m langen Laufbahn den *Osterberg* hinuntergerollt.

Wer noch etwas über die Wohn- und Arbeitsverhältnisse in Lügde um die Jahrhundertwende erfahren möchte, für den bietet sich ein Besuch des Heimatmuseums in der Hinteren Straße 86 an, das in einem 1799 erbauten Fachwerkhaus untergebracht ist (Telefon 0 52 81 / 70 98).

Abstecher: Wer ausreichend Zeit hat, für den bietet sich ein Abstecher zum etwa 5 km entfernten **Emmerstausee** mit einem vielfältigen Freizeitangebot an, das von Segeln und Surfen über Padeln und Tretbootfahren bis zu einer weitläufigen Kinderspielanlage reicht. Zudem sind Bootsrundfahrten mit der MS „Lipperland" möglich.

Wir verlassen dazu Lügde in südwestlicher Richtung, folgen nach rechts der Wegweisung *Blomberg*, überqueren die *Emmer* und folgen nach links dem Radweg Nr. 11 über die Straße Südfeld. Nach etwa 2,5 km macht der Radweg einen Rechtsschwenk. Wir verlassen hier den Radweg (zu schlechte Strecke durch den Wald) und radeln links über Bahngleis und *Emmer* zu der nach rechts zum Stausee führenden Landstraße (Verknüpfung über *Elbrinxen* nach *Rischenau* mit Tour 5 bzw. bis *Falkenhagen* mit Tour 3).

In *Harzberg* am Waldrestaurant „Fischanger" beginnt dann auf der linken Straßenseite ein separater Radweg. Nach etwa einem Kilometer überqueren wir die Straße und radeln Richtung *Glashütte*, wo nach wenigen Metern nach links der Radweg längs des *Emmerstausees* beginnt. Nach weiteren 2,5 km erreichen wir das rechterhand am Ufer angesiedelte Freizeitzentrum *Kronenbruch* mit den bereits genannten vielfältigen Freizeitangeboten.

Am Südende des Emmerstausees befindet sich die Stadt *Scnieder* (Verknüpfung über Brakelsiek nach Schwalenberg mit Tour 5) mit dem **Barockschloß Schieder**, das in der Wende 17./18. Jahrhundert erbaut wurde. Es handelt sich um die ehemalige Sommerresidenz der lippischen Fürsten. Der Schloßpark, ursprünglich eine barocke Anlage und später in einen englischen Landschaftsgarten umgewandelt, wird heute als Kurpark genutzt. Das Schloß dient heute als Haus des Gastes.

Wenngleich bei der Rückfahrt nach *Lügde* der Stausee auch ganz umrundet werden kann, empfiehlt es sich doch, den gleichen Weg zurückzuradeln, da der südliche Bereich des Stausees bei schönem Wetter längs des Ufers von derart vielen Fußgängern frequentiert wird, daß das Befahren des kombinierten Rad- und Gehweges mit dem Fahrrad oft kaum möglich ist und zu unnötigen „Nutzungskonflikten" führen kann. (Gesamtumweg etwa 16 km.)

Weiterfahrt von Lügde: Wer auf den Abstecher zum *Emmerstausee* verzichten will, fährt gegenüber der alten Klosteranlage zum Bahnhof Lügde, überquert die Gleise und folgt in linker Richtung dem Weg parallel zu den Bahngleisen, der in *Bad Pyrmont* in die Landstraße nach *Hameln* einmündet. Wir halten uns an der Einmündung links, unterqueren die Eisenbahnbrücke und biegen gleich wieder rechts in die Dringenauer Straße ein (Anschlußstelle aus Bad Pyrmont).

In **Löwensen** folgen wir der Ausschilderung nach **Thal** und erreichen dort die Landstraße nach *Hameln*, der wir nach links folgen. Auf straßenbegleitendem Radweg geht es dann über **Welsede** und **Amelgatzen** bis nach *Hämelschenburg*. (Man sollte lieber darauf verzichten, der Ausschilderung *Radweg der Weserrenaissance* abseits der Straße zu folgen, zumal die Straße relativ verkehrsarm ist.)

Schloß Hämelschenburg, 1588 bis 1618 erbaut, gehört zu den besten Leistungen der Baukunst in Norddeutschland und gilt heute als das Hauptwerk der Weserrenaissance. Der Vorgängerbau, der 1437 als Lehen an die Familie von Klenke ging, wurde durch eine Feuersbrunst zerstört. Ludolf Klenke ließ 1556 zunächst den heute noch erhaltenen Wirtschaftshof errichten. Nach einer Neuverteilung der Güter und durch Tausch wurde 1583 Jürgen Klenke alleiniger Besitzer der Hämelschenburg. 1588 begann man den Bau des großartigen Schlosses, wobei der Dreiflügelbau zweifellos einem einheitlichen Plan entstammt.

Mitte des 19. Jahrhunderts wurde der damals das Schloß umgebende hohe Wall an der Ost- und Westseite beseitigt und der Nordgraben zugeschüttet. Das heutige Bild geht auf die Restaurierung Ende des vorigen Jahrhunderts zurück.

26

1973 wurde das Schloß der Öffentlichkeit zugänglich gemacht. Führungen erläutern neben der Geschichte einer niedersächsischen Adelsfamilie auch die Architektur der Weserrenaissance. Zu besichtigen sind im Innern die Räume aus der Erbauungszeit und die Säle, die im vorigen Jahrhundert eingerichtet wurden. Zur vollständig erhaltenen Ausstattung gehören unter anderem Möbel aus der Renaissance und dem Barock sowie eine Gemälde-, Waffen- und Trophäensammlung (Auskunft über Führungen bei der Schloßverwaltung, Telefon 0 51 55 / 85 39).

Vor der Weiterfahrt lädt das Restaurant „Schloßschänke" mit Garten noch zu einem Aufenthalt ein.

Über den straßenbegleitenden Radweg geht es weiter durchs *Emmerthal* unter der B 83 in den Ort **Emmern**, wo wir an der Einmündung rechts Richtung *Hagenohsen* (Verknüpfung mit Tour 2) radeln und an der nächsten Kreuzung nach links Richtung *Hameln* abbiegen und über die Weserbrücke kommen. Weiter der Hauptstraße folgend unterqueren wir die Bahn, wo es kurz darauf nach links auf den separaten Radfernweg Weser geht, der uns sicher bis **Hameln** bringt. Dort landen wir in einem Industriegebiet, folgen nach links weiter der Ausschilderung und stoßen dabei auf die Kaiserstraße, wo es nach rechts direkt zum Bahnhof geht – oder nach links in die Hamelner Altstadt.

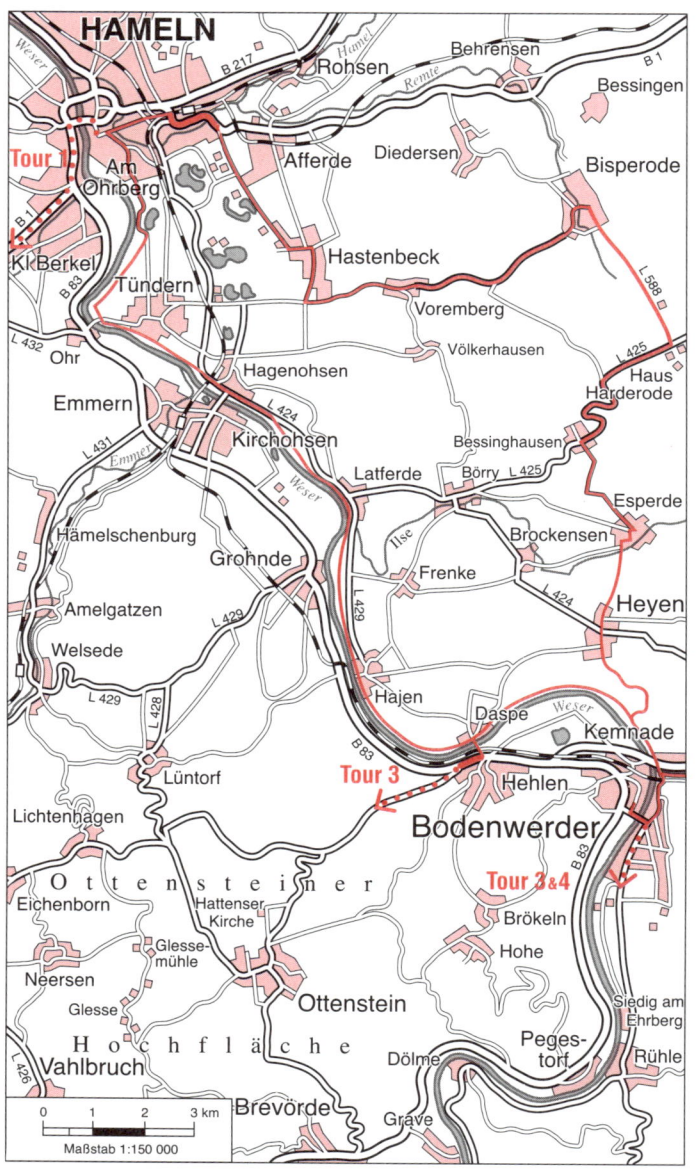

HAMELN

Weser

B 217

Rohsen

Behrensen

Hamel

Remte

B 1

Bessingen

Tour 1

Am Ohrberg

Afferde

Diedersen

Bisperode

B 1

Kl.Berkel

Tündern

B 83

Hastenbeck

L 588

L 432

Ohr

Voremberg

Völkerhausen

L 425

Emmern

Hagenohsen

Haus Harderode

L 431

L 424

Kirchohsen

Emmern

Bessinghausen

Latferde

Börry L 425

Weser

Esperde

Hämelschenburg

Ilse

Brockensen

Grohnde

Frenke

L 424

Heyen

Amelgatzen

L 429

L 429

Welsede

L 429

L 428

Hajen

Daspe

Weser

Kemnade

Lüntorf

B 83

Tour 3

Hehlen

Lichtenhagen

Bodenwerder

B 83

O t t e n s t e i n e r

Tour 3&4

Eichenborn

Hattenser Kirche

Brökeln

Glesse-mühle

Hohe

Neersen

Glesse

Ottenstein

Siedig am Ehrberg

H o c h f l ä c h e

L 426

Vahlbruch

Dölme

Pegestorf

Rühle

Brevörde

Gräve

0   1   2   3 km

Maßstab 1:150 000

28

Tour 2

Rattenfänger und Lügenbaron – Längs des Ith und durchs Wesertal

Die „Rattenfängerstadt" Hameln liegt in der Talaue der Weser, umgeben von einigen kleineren Höhenzügen. Südlich davon schließt sich beiderseits der Weser ein „charmantes Stückchen Weserbergland" an, das durch die beiden kleinen Nebenflüsse Emmer und Ilse beiderseits der Weser verbunden ist und durch Wälder, Wiesen und Felder und sanften Hügeln geprägt wird: Emmerthal, der Zusammenschluß vordem 17 selbständiger Gemeinden.

Im Osten wird das Emmerthal vom Ith begrenzt, einem langgestreckten und schmalen bewaldeten Höhenzug, der sich auf etwa 25 km von Hameln bis Bodenwerder erstreckt und an seiner höchsten Stelle – oberhalb Bisperode – 439 m erreicht. Zahlreiche Höhlen durchziehen das Kalkgestein, und entsprechende Funde weisen darauf hin, daß sie Menschen bereits vor 4000 Jahren Unterschlupf gewährten.

Neben Wanderern ist der Ith heute für alpine Kletterer und in jüngster Zeit auch für Freikletterer als Übungsgebiet von Interesse.

Die Tour führt von Hameln längs des Ith und bei Bodenwerder an die Weser, wo es dann weserabwärts längs des Flusses zum Ausgangspunkt zurückgeht.

Start und Ziel: Bahnhof Hameln mit Anschluß an das IR-Netz in Hannover im Norden, in Elze im Westen oder in Paderborn im Süden

Streckenlänge: 52 km

Verknüpfungsmöglichkeiten: in Hameln und Hagenohsen (Weser) mit Tour 1 und im Süden in Bodenwerder mit Tour 3 und Tour 4

Steigungen: leichte bis mittelschwere Anstiege nach Voremberg, über den Höhenzug Hasselburg und vor Esperde

Wegebeschaffenheit: bis auf ein kurzes Stück feinen Schotterwegs vor Hameln ausschließlich asphaltierte Wege und Straßen

Sehenswürdigkeiten: *Hameln:* Historische Altstadt mit zahlreichen Weserrenaissancebauten und Fachwerkhäusern
Hastenbeck: Schloß
Bisperode: Wasserschloß
Bodenwerder: Geburts- und Wohnhaus des „Lügenbarons", Museum
Hehlen: Wasserschloß

Gaststätten: vielfältiges gastronomisches Angebot in Hameln und Bodenwerder; Gasthaus „Zur Sonne" mit kleinem Bier- und Kaffeegarten in Bisperode; Gasthaus „Grohnder Fährhaus" an der Grohnder Weserfähre

Karten: Radwanderkarten RC 3922 Hannover und RC 4320 Holzminden, 1:75 000 (Niedersächsisches Landesverwaltungsamt – Landesvermessung)

Informationen: Landkreis Hameln-Pyrmont, Verkehrsverein Hameln, Deisterallee, 31785 Hameln, Telefon 0 51 51 / 20 26 17 oder 20 26 18, Telefax 0 51 51 / 20 25 00. Gemeinde Emmerthal, Berliner Straße 15, 31860 Emmerthal, Telefon 0 51 55 / 6 90, Telefax 0 51 55 / 69 31; Verkehrsamt Bodenwerder, Weserstraße 3, 37616 Bodenwerder, Telefon 0 55 33 / 4 05 41, Telefax 0 55 33 / 4 05 40

Eine ausführliche Beschreibung der „Rattenfängerstadt" Hameln befindet sich bei Tour 1.

Wir radeln vom Bahnhof **Hameln** nach links unter der Eisenbahnbrücke durch, biegen an der Einmündung nach links in die Kuhlmannstraße ein und folgen dann der Wegweisung *Hildesheim.* Im Stadtteil **Afferde** geht es bei der Müllverbrennungsanlage rechts auf einer Kreisstraße nach *Hastenbeck,* das wir auf einem straßenbegleitenden Radweg nach drei Kilometern erreichen.

Die erste urkundliche Erwähnung von **Hastenbeck** geht auf 1197 zurück. Das Schloß wurde 1869 im neugotischen Stil errichtet und die dreischiffige Barockkirche 1619. Der Name *Hastenbeck* ist auch mit einer großen Schlacht während des Siebenjährigen Krieges verbunden, deren Ausgang 1757 zur Auslieferung des Kurfürstentums Hannover an die Franzosen führte. Zudem gibt es eine gleichnamige Erzählung Wilhelm Raabes, des 1833 in Eschershausen geborenen Dichters und Erzählers.

Der Zugang zum Schloß geht in der Ortsmitte rechts ab, wobei man einfach dem Hinweisschild zur Kirche folgt und dabei durch eine recht idyllische Ecke mit alten Fachwerkhäusern und -höfen kommt.

Bald nach dem Ortsende kommen wir an die K 16 heran und folgen nach links der Wegweisung *Bisperode*. Nach gemächlichem Anstieg bis **Voremberg** führt die Straße zwischen den beiden kleinen Höhenzügen *Schecken* und *Hasselburg* durch ein kleines Tal, steigt dann etwa einen halben Kilometer stärker an, um dann mit starkem Gefälle ins 775 Jahre alte **Bisperode** hinunterzuführen, wo wir an den Höhenzug *Ith* herankommen.

Das hufeisenförmige Wasserschloß *Bisperode* entstand Ende des 17. Jahrhunderts im Auftrag von Graf von Wolff-Metternich von Gracht, Fürstbischof zu Paderborn. Die Dorfkirche von 1716 mit dem romanischen Turm besitzt eine sehenswerte barocke Altarwand.

Im Ortskern stoßen wir auf die Landstraße 588, der wir nach rechts Richtung *Bodenwerder* folgen, wobei rechts parallel zum Ith der Höhenzug *Hasselburg* zu sehen ist. Zwischen beiden Höhenzügen zieht sich die Ithbörde hin, ein besonders fruchtbarer Landstrich. Bei **Haus Harderode** radeln wir rechts Richtung *Bad Pyrmont* und erreichen nach der Durchquerung der Ithbörde den überwiegend mit Buchen und Eichen bewaldeten Höhenzug *Hasselburg*, dessen Höhe nach einigen Kurven und kurzem mittelschwerem Anstieg erreicht ist. Danach geht es kurvenreich auf rund zwei Kilometern in rasanter Fahrt durch den Wald hinunter in das kleine Bauerndorf **Bessinghausen**. Kurz vor Ortsende biegen wir nach links ab Richtung *Esperde*, das wir nach einem etwa 350 m langen stärkeren Anstieg in einer großen schüsselförmigen Senke unter uns liegen sehen. Rechts können wir bereits einen Blick ins Wesertal werfen. Mit starkem Gefälle geht es nach **Esperde** hinein, links an der Kirche vorbei und dann weiter mit Wegweisung *Heyen*, das wir nach 1,5 km erreichen.

Geradeaus geht es durch **Heyen** und als letzter Anstieg der Tour über den *Heiligenberg* (dessen Name offensichtlich auf ein heidnisches Heiligtum hinweist) bis nach *Bodenwerder*, dessen Altstadtbereich wir über die Weserbrücke erreichen.

Die „Münchhausenstadt" **Bodenwerder**, die durch ihren „Lügenbaron" Berühmtheit erlangt hat, wird ausführlich bei Tour 3 beschrieben.

Wir radeln wieder zurück über die Weserbrücke (Verknüpfung mit Tour 3 und 4) in Richtung *Heyen*, folgen aber dann nach links dem Radfernweg Weser, der uns abseits vom Verkehr nach Hameln zurückbringt. Bei **Daspe** sehen wir auf der anderen Weserseite das 1579 errichtete *Schloß Hehlen* mit seinen auffälligen Turmhauben, wobei uns die Fähre bequem einen Ausflug auf die andere Weserseite erlaubt. Vorbei an *Hajen* erreichen wir die *Grohnder Fähre*.

Auf der anderen Weserseite bietet die ehemalige Vogtei **Grohnde** mit ihren imposanten Guts- und Wirtschaftsgebäuden sowie dem Tor zur Weserfähre ein beeindruckendes Uferbild.

Am alten Fährhaus ist noch ein hölzerner Zeuge der dort 1433 erwähnten und 1630 zerstörten Brücke zu sehen, über die einstmals der Verkehr von Pyrmont nach Einbeck rollte. Und kein Geringerer als Goethe hat im Sommer 1801 diesen alten Weserübergang mit der Fähre genutzt, als er sich auf dem Weg zu einem Kuraufenthalt in Bad Pyrmont befunden hat.

An vielen Stellen heißt es an der Weser heute noch „Fährmann, hol' über!". Es handelt sich bei diesen Gierseil-Fähren, die allein durch die Strömung von einer auf die andere Seite gelangen und an einigen Stellen selbst Reisebusse befördern können, heute mehr um eine touristische Attraktion. Man ahnt heute kaum mehr, welche Bedeutung diese Fähren früher hatten, bevor es problemlos möglich war, Brücken zu bauen.

Die Gaststätte „Fährhaus" mit ihrem großen und schattigen Garten, direkt an der Weser mit Blick auf Grohnde gelegen, bietet eine sehr angenehme Einkehrmöglichkeit.

Vorbei am Atomkraftwerk Grohnde erreichen wir dann **Hagenohsen** (Verknüpfung mit Tour 1), radeln ein Stück auf der Landstraße Richtung *Hameln* und biegen nach der Eisenbahnunterführung nach links wieder auf den separaten Weser-Fernradweg.

In **Hameln** landen wir in einem Industriegebiet, folgen weiter der guten Ausschilderung des Radfernweges Weser, wobei wir von der Ohsener Straße uns rechts haltend längs des kleiner Bächleins über einen kombinierten Rad- und Gehweg die Kaiserstraße erreichen. Hier geht es rechts direkt zum Bahnhof oder links in den Altstadtbereich.

Tour 3

Burgruine und Grab des Häuptlingssohns – Von Bodenwerder durchs Wesertal und über die Ottensteiner Hochfläche

Ebenso wie die „Rattenfängerstadt" genießt auch die „Münchhausenstadt" Bodenwerder internationale Bekanntheit. Eingebettet in bewaldete Höhen liegt die Altstadt am westlichen Ufer der Weser. Rechts der Weser reicht der Vogler, nördlicher Teil des Naturparks Solling-Vogler, heran und links der Weser, die nördlich von Bodenwerder in einer großen Schleife nach Westen abbiegt, schließt sich die Ottensteiner Hochfläche an. Geht es im ersten Abschnitt zumeist in der Talaue weseraufwärts, beginnt nach dem Übersetzen nach Polle der bergige Teil der Strecke, der vorbei an einem ehemaligen Kloster über die Ottensteiner Hochfläche mit ihren kleinen Bauerndörfern führt und durch wunderschöne Ausblicke auf das Wesertal und den Solling besticht.

Start und Ziel: Rathaus Bodenwerder

Streckenlänge: 51 km

Verknüpfungsmöglichkeiten: im Norden in Bodenwerder mit Tour 2 und Tour 4 (zudem in Rühle), im Süden über Weser-Fernradweg nach Holzminden mit Tour 8 und im Westen von Falkenhagen nach Rischenau mit Tour 5

Steigungen: erste nennenswerte Steigung von Polle nach Hummersen, stärkere Steigungen nach Falkenhagen und vom Glessetal zur Ottensteiner Hochfläche

Wegebeschaffenheit: fast ausschließlich asphaltierte Straßen, kurze Stücke gut befahrbare Wirtschafts- und Forstwege

Sehenswürdigkeiten: *Bodenwerder:* Geburts- und Wohnhaus des „Lügenbarons", Münchhausenzimmer
Polle: Burgruine, Kirche

34

Burgruine Polle

Kloster Falkenhagen

Falkenhagen: ehemaliges Zisterzienserinnen-Kloster
Hehlen: Schloß

Gaststätten: ausreichendes Angebot in Bodenwerder und Polle; Gaststätte „Altes Backhaus" im Krachthof in Hummersen; „Sievershagener Mühle" in Sievershagen

Karten: Radwanderkarte „RC 4320 Holzminden", 1:75 000 (Niedersächsisches Landesverwaltungsamt – Landesvermessung)

Informationen: Verkehrsamt Bodenwerder, Weserstraße 3, 37616 Bodenwerder, Telefon 0 55 33 / 4 05 41, Telefax 0 55 33 / 4 05 40; Verkehrsverein Polle, Postfach 62, 37647 Polle, Telefon 0 55 35 / 4 11 oder 10 88, Telefax 0 55 35 / 86 75

Der Name der Stadt **Bodenwerder** geht auf das Geschlecht der Grafen von Homburg zurück, deren Stammburg sich bei Stadtoldendorf befand. Genannt wird die Siedlung bereits in Verbindung mit dem 959 gegründeten Kloster Kemnade. Die Stadtrechte erhielt Bodenwerder bereits im Jahre 1287. Nach einem Merianstich von 1654 befand sich die damalige Stadt noch auf einer Flußinsel (Werder) der Weser. Drei Festungstürme sowie Teile der alten Stadtmauer sind aus mittelalterlicher Zeit erhalten. Über hundert Fachwerkhäuser prägen heute das Bild der Altstadt.

Bekannt gemacht hat Bodenwerder allerdings der „Lügenbaron" Hieronymus Carl Friedrich von Münchhausen, der dort von 1720 bis 1797 lebte. In seinem Geburtshaus, in dem auch das Münchhausen-Zimmer untergebracht ist, befindet sich heute das Rathaus. Davor finden alljährlich zwischen Mai und Oktober an jedem ersten Sonntag im Monat die Münchhausenspiele statt.

Ein weiterer jährlicher Höhepunkt ist das Lichterfest auf der Weser, das jeweils am 2. Samstag im August durchgeführt wird.

Sehenswert neben der Stadtkirche aus dem 15. Jahrhundert, die dem Schutzpatron der Schiffer und Kaufleute, dem Heiligen Nikolaus, geweiht ist, und dem Heimatmuseum ist auch das am

Kurpark befindliche Industriedenkmal einer Dampfmaschine, die einmal den Strom für eine ortsansässige Garnspinnerei erzeugt hat.

Wir verlassen *Bodenwerder* über die Weserbrücke (Verknüpfung mit Tour 2 und 4) und folgen der nach rechts abbiegenden Landstraße nach *Rühle* (Verknüpfung mit Tour 4). Am Ortsende von *Bodenwerder* biegt der Weser-Fernradweg rechts ab und führt dann über Wirtschaftswege längs der Weser bis nach **Rühle** (Rühler Schweiz). Dort geht es dann weiter auf der Kreisstraße nach **Dölme**.

Gegenüber von Dölme über dem Prallhang der Weser sieht man das obeliskartige *Senator-Meyer-Denkmal*. Der in Hameln ansässige Senator hatte im Jahre 1883 die Oberweser-Dampfschiffahrtsgesellschaft gegründet und maßgeblich zur touristischen Erschließung des Weserberglandes beigetragen, das er über damals zahlreiche Ländergrenzen hinweg bereits frühzeitig als eine zusammenhängende touristische Region erkannte.

Die unterhalb des Prallhangs mit dem zutagetretenden Gestein befindliche ehemalige *Steinmühle* wurde 1266 vom Grafen Ludwig von Everstein dem Kloster Amelungsborn geschenkt. Angetrieben wird das Mühlrad noch heute wohl durch den kürzesten Bach, der in einem Fluß mündet: Das einige Meter über dem Mühlrad aus dem Kalkgestein tretende Wasser fließt sogleich unter der Straße hindurch direkt in die Weser.

Kurz nach einem Steinbruch zweigt nach rechts wieder der separate Radweg ab, der bald an einem Rastplatz mit einer Schutzhütte vorbeiführt. Wir folgen weiter der Ausschilderung des Radfernwegs in Richtung Holzminden, der bald wieder auf einer Landstraße verläuft. Wo der Radfernweg dann nach links in Richtung *Holzminden* (Verknüpfung mit Tour 8) abbiegt, folgen wir der Straße nach rechts zur Weserfähre und sehen die

Burgruine **Polle** vor uns, die im 13. Jahrhundert auf einem Bergsporn hoch über der Weser von den Grafen von Everstein erbaut wurde. Im Dreißigjährigen Krieg von den Schweden erstürmt, wurde sie 1641 durch einen Brand zerstört. Seit 1988

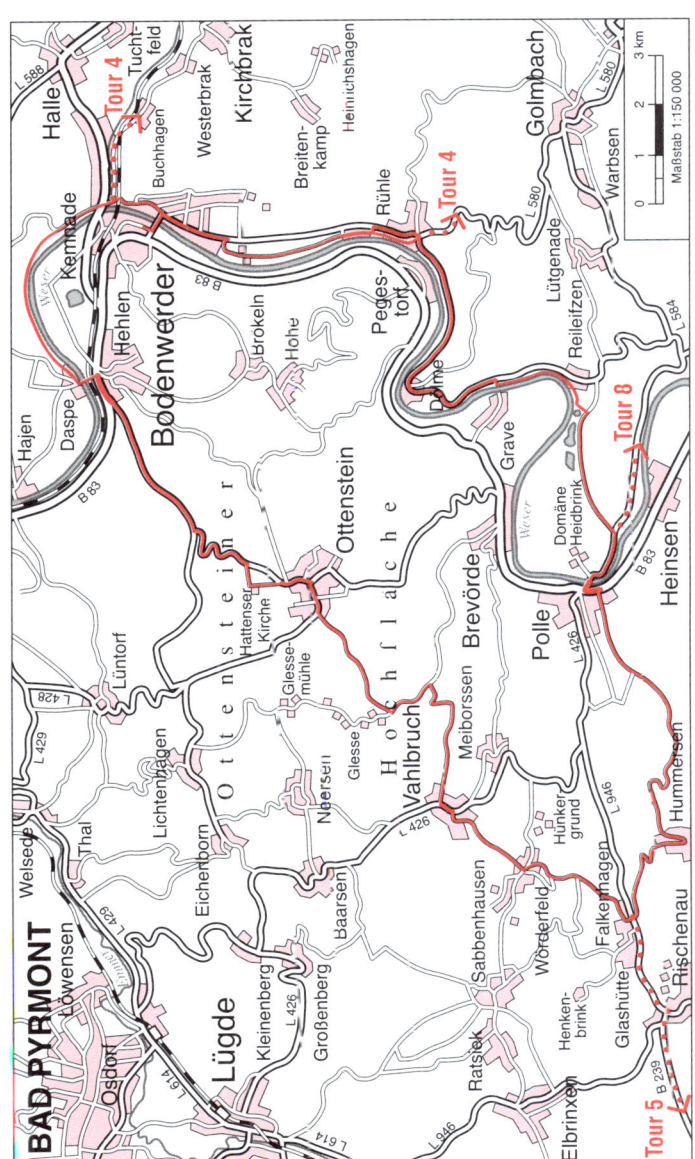

39

ist die Ruine saniert und bietet nicht nur einen schönen Ausblick auf das Wesertal, sondern ist auch Schauplatz von Burgfestspielen und Theateraufführungen.

Sehenswert in Polle ist noch die Kirche von 1590, die trotz ihrer Einfachheit aber für die Weserrenaissance durch ihre mit Stuck verzierten Deckenbalken von besonderer Bedeutung ist.

Wir verlassen Polle in Richtung *Höxter* und folgen der nach rechts abbiegenden Straße nach *Hummersen*. Vorbei am Freibad führt uns die Straße mit noch leichtem Anstieg entlang des Lanaubaches, wobei wir bald rechts auf der Anhöhe das Rittergut *Sonnenberg* erkennen können. Im Wald wird der Anstieg teilweise wieder stärker, führt durch das Gelände des Golfclubs Weserbergland, auf dem sich auch zahlreiche Skulpturen befinden, und steigt weiter bis zur Straße nach **Hummersen**.

Wer einkehren möchte, sollte am Ortseingangsschild von Hummersen links abbiegen, sich an der Gabelung links halten und dann gleich wieder nach rechts zum *Krachthof* abbiegen. Weiter geht es dann durch den Ort Hummersen in Richtung *Rischenau*.

Im dann rechts liegenden *Krachthof* bietet sich eine gute Einkehrmöglichkeit in der Gaststätte „Altes Backhaus" (nur samstags, sonntags und feiertags tagsüber geöffnet), wo man auch sehr schön im Garten sitzen kann.

Wer gleich weiterfahren will, kann sich die Fahrt durch *Hummersen* sparen und folgt an der Einmündung nach rechts der Wegweisung *Rischenau*. Hier haben wir ein Tal zu durchfahren und erreichen dann über die Landstraße nach links und gleich wieder rechts

Falkenhagen, ein ehemaliges Zisterzienserinnen-Kloster, das 1247 auf einer kleinen Erhebung errichtet wurde. Bei der Zerstörung des Klosters in der Eversteiner Fehde (1407) lebten dort nur noch wenige Nonnen. Nachdem es zwei Jahrzehnte brachgelegen hatte, wurde es zunächst vom Orden der Wilhelmiten erworben, die es aber wirtschaftlich nicht halten konnten. So ging es 1432 an den Orden der Kreuzritter. Neben der Kirche ist heute nur noch der östliche Flügel des ehemaligen geschlossenen Hofes erhalten. Sehenswert ist auch das ehemalige Wirtschaftsgebäude, ein 1581 erbautes Fachwerkhaus, heute katholisches Pfarrhaus.

Wir verlassen Falkenhagen (nach *Rischenau* Verknüpfung mit Tour 5 bzw. weiter über *Elbrinxen* nach *Lügde* mit Tour 1), indem wir links an der Kirche vorbei und nach dem Fachwerkhaus rechts auf die Straße nach *Wörderfeld* stoßen, der wir nach links folgen. Nach einem stärkeren Anstieg über 600 m geht es in Schußfahrt hinunter ins Bauerndorf

Wörderfeld, das heute zur Stadt Lügde gehört. Der Ort entstand 1526 als Folgeort von *Mensenhagen* auf dessen mittelalterlicher Siedlungsstelle. Noch zu sehen sind heute im Dorf eine ehemalige Zehntscheune, ein funktionsfähiger Ziehbrunnen und ein restauriertes Backhaus

In der Ortsmitte geht es nach rechts ab in Richtung **Vahlbruch**, dort links an der Kirche vorbei und in Richtung *Bad Pyrmont*. Am Ortsende folgen wir nach rechts der Straße nach *Ottenstein*. Bald haben wir einen herrlichen Blick nach rechts auf den *Köterberg* und auf die unter uns liegenden Hügel sowie im Hintergrund auf die Höhenzüge des *Sollings*.

Es folgt eine steile Abfahrt ins *Glessetal*, wobei wir weiter der Ausschilderung nach *Ottenstein* folgen. In **Glesse** (ein erst 1772 von Ottensteiner Bauern gegründetes Dorf) geht es rechts ab nach *Ottenstein*, wobei wir hier auf einer Länge von zwei Kilometern den letzten kräftigen Anstieg zu verzeichnen haben, der zumeist durch den Wald führt.

Mit der Höhe haben wir nun die **Ottensteiner Hochfläche** erreicht, ein aus Kalkstein bestehendes, fast ebenes Plateau über dem Wesertal.

In **Ottenstein**, einem Ferienort mit mehreren schönen Fachwerkgehöften, folgen wir nach links der Straße Richtung *Bodenwerder*. Gut hundert Meter nach der Ortsdurchfahrt zweigt nach links eine kleine Straße ab, wobei ein Holztäfelchen auf das Ziel **Hattensen** hinweist.

Schon von weitem sehen wir das **Hattenser Kirchlein**, ein einschiffiger romanischer Gewölbebau, das einmal von einem gleichnamigen kleinen Pfarrdorf umgeben war. Es dient heute als Friedhofskapelle des Ottensteiner Friedhofs.

Hier findet man unter der riesigen Linde das Grab eines afrikanischen Häuptlingssohns. Die verwitterten Grabsteine aus Sandstein verraten noch einige interessante Informationen. Danach ruht dort Antonio Congo, 1811 als Sohn eines afrikanischen Häuptlings geboren. Im Alter von acht Jahren seinen Eltern geraubt und als Sklave nach Brasilien gebracht, war er von einem Hamburger Kaufmann gekauft worden, der ihn dann mit nach Hamburg nahm und in christlicher Religion erziehen ließ. Nachdem er das Tischlerhandwerk erlernt hatte, ging er 1834 auf Wanderschaft. Ende 1834 erkrankte er in Ottenstein so schwer, daß er als „ein guter und religiöser Tischlergeselle" einige Monate später starb.

Am Friedhof vorbei führt nach rechts ein Weg zur Straße nach *Bodenwerder* zurück, von wo aus sich wieder ein herrlicher Blick ins Wesertal und den *Vogler* auf der anderen Weserseite auftut. (Die teilweise in Radwanderkarten eingezeichneten Radwegeverbindungen von Ottenstein ins Wesertal können nicht empfohlen werden, zumal die Landstraße nur sehr geringen Verkehr aufweist.)

Steil geht es zunächst durch einen Wald abwärts, bis wir im Tal die ehemalige **Sievershagener Mühle** erreichen. Gegenüber bietet sich in der Gaststätte „Sievershagener Mühle" mit Bier- und Kaffeegarten wieder eine sehr schöne Rast- und Einkehrmöglichkeit.

Durch ein idyllisches Tal geht es weiter bis **Hehlen**, wobei man schon von weitem die markanten Türme des Schlosses sieht. Das vierflügelige Schloß mit Innenhof, das Fritz von der Schulenburg 1579-84 erbauen ließ, wird von einem viereckigen Wassergraben umgeben. Einen schönen Blick auf die Anlage hat man auch von der anderen Weserseite aus.

Erwähnenswert in Hehlen ist noch die Kirche von 1699, ein achteckiger Bau mit zwei seitlichen Türmen und einer zweigeschossigen Empore.

Von besonderer wirtschaftlicher Bedeutung für Hehlen ist der Abbau von Naturkalk direkt am Prallhang der Weser.

Mit der Fähre setzen wir auf das andere Ufer ins kleine Weserdörfchen **Daspe** über. Hier folgen wir nach rechts dem Weser-Radfernweg. Teilweise auf schattigem Weg längs des *Heiligenberges* erreichen wir, zumeist mit Blick auf die Weser, die nach *Bodenwerder* führende Landstraße und überqueren wieder die Weserbrücke.

Wer noch Zeit und Interesse hat, kann der Klosterkirche in **Kemnade**, heute ein Ortsteil Bodenwerders, einen Besuch abstatten. Vom ehemaligen Nonnenkloster, das nach der Reformation (1542) bereits aufgelöst wurde, ist heute nur noch wenig erhalten. Sehenswert ist aber die fast tausendjährige romanische Klosterkirche mit kreuzförmigem Grundriß und einem wertvollen, geschnitzten Flügelaltar.

Eine Steinplatte im Fußboden weist darauf hin, daß der „Lügenbaron" Münchhausen in der Gruft unter der Kirche beigesetzt ist.

Tour 4

Rund um den Vogler – Von der Homburgstadt durch die Rühler Schweiz

Stadtoldendorf liegt westlich des Voglers, dem nördlichen Teil des Naturparks Solling-Vogler, am Fuße eines Berges, der sich Homburg nennt. Während es sich beim Solling um einen breiten und flachen Buckel handelt, ist der kleinere Vogler stark zerklüftet, hat teilweise steile Hänge und tief eingekerbte Täler. Zwischen den beiden fast geschlossenen Waldgebieten des Sollings und des Voglers liegt die Landschaft der Rühler Schweiz, deren besonderer Reiz durch den vielfältigen Wechsel von Äkkern und Wiesen, Obstbäumen und Feldgehölzen sowie bewaldeten Bergkuppen geprägt wird.

Die Tour führt durch die Rühler Schweiz ins Wesertal, von dort längs der Weser in die „Münchhausen"-Stadt Bodenwerder und durch das Lennetal über Koster Amelungsborn an den Ausgangspunkt zurück.

Start und Ziel: Bahnhof Stadtoldendorf mit Anschluß an das IR-Netz in Altenbeken im Westen und in Kreiensen im Osten

Streckenlänge: 44 km

Verknüpfungsmöglichkeiten: im Westen in Rühle mit Tour 3 und in Bodenwerder mit Tour 2 und Tour 3, im Süden in Golmbach über Warbsen zum Weser-Fernradweg mit Tour 3 und Tour 8, im Osten von Stadtoldendorf über Braak und Heinade nach Dassel mit Tour 9

Steigungen: starker Anstieg von Golmbach über den Rühler Berg (2,5 km, 7 % Steigung); jeweils ein stärkerer Anstieg im Lennetal und nach Oelkassen

Wegebeschaffenheit: überwiegend asphaltierte Straßen und Wirtschaftswege, teilweise Forststraßen

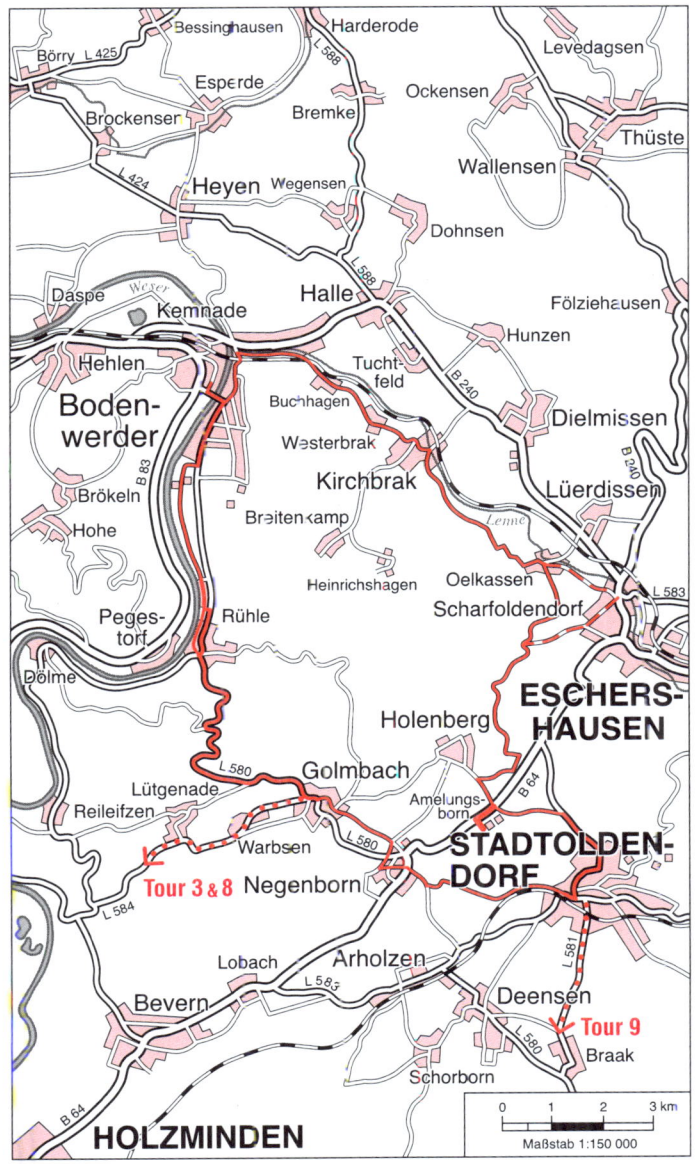

Börry L 425
Bessinghausen
Harderode
Levedagsen
L 588
Esperde
Ockensen
Brockensen
Bremke
Thüste
Wallensen
L 424
Heyen
Wegensen
Dohnsen
L 588
Daspe
Weser
Halle
Fölziehausen
Kemnade
Hunzen
Hehlen
Tucht-
feld
LB 240
Boden-
werder
Buchhagen
Dielmissen
Westerbrak
B 240
Kirchbrak
Lüerdissen
B 83
Brökeln
Breitenkamp
Lenne
Hohe
Heinrichshagen
Oelkassen
Scharfoldendorf
L 583
Pegestorf
Rühle
Dölme
Holenberg
ESCHERS-
HAUSEN
L 580
Golmbach
Lütgenade
Amelungs-
born
B 64
Reileifzen
STADTOLDEN-
DORF
Warbsen
L 580
Tour 3 & 8
Negenborn
L 581
Lobach
Arholzen
L 584
L 583
Deensen
Bevern
Tour 9
Braak
L 580
Schorborn

0   1   2   3 km
Maßstab 1:150 000

HOLZMINDEN

B 64

Sehenswürdigkeiten: *Stadtoldendorf:* Herrensitz von Campe, Försterbergturm
Bodenwerder: Geburtshaus des „Lügenbarons", Münchhausenzimmer
Eschershausen: Wilhelm-Raabe-Museum

Gaststätten: Gaststätten in Stadtoldendorf, „Wirtshaus am Weinberg" mit kleinem Garten in Rühle, größere Auswahl in Bodenwerder

Karten: Radwanderkarte „RC 4320 Holzminden", 1:75000 (Niedersächsisches Landesverwaltungsamt – Landesvermessung)

Informationen: Verkehrsamt Stadtoldendorf, Kirchstraße 4, 37627 Stadtoldendorf, Telefon 0 55 32 / 50 05-24, Telefax 0 55 32 / 50 05-10; Fremdenverkehrsamt Bodenwerder, Weserstraße 3, 37616 Bodenwerder, Telefon 0 55 33 / 4 05 41, Telefax 0 55 33 / 4 05 40; Stadt Eschershausen, Fremdenverkehrsstelle, Raabestraße 14, 37629 Eschershausen, Telefon 0 55 34 / 39 69

Die heutige Stadt **Stadtoldendorf** ist aus der 1150 in einer Urkunde erwähnten Ansiedlung namens Oldendorp entstanden. Die Landesherren im Mittelalter waren vom Ende des 12. Jahrhunderts bis Anfang des 15. Jahrhunderts die Edelherren von Homburg. Sie hatten ihre Residenz auf der Burg Homburg, deren Überreste auf dem nahe gelegenen Bergkegel die Anlage noch gut erkennen lassen.

Die Stadtrechte wurden dem Ort Oldendorp, der sich seit Beginn des 16. Jahrhunderts Stadt Oldendorf nannte, im Jahre 1255 von Heinrich von Homburg verliehen. Nach dem Aussterben der Edelherren von Homburg wurde Stadtoldendorf Bestandteil welfischer Fürstentümer. Es dauerte rund 200 Jahre, bis sich Stadtoldendorf von den Folgen des Dreißigjährigen Krieges allmählich erholte.

Im Rathaus liegt ein kleiner Führer für einen „historischen Rundgang" aus, der zu den Sehenswürdigkeiten der Stadt führt. Einen schönen Überblick über die Stadt mit vielen alten Fachwerkbauten bietet der seit über 700 Jahren auf der höchsten Erhebung der Altstadt stehende Försterbergturm, einst ein

46

Wartturm der Stadtbefestigungsanlagen. Nach dem Vorbild alter Tortürme erhielt er bei einer Sanierung in den 30er Jahren einen Fachwerkaufsatz.

Aus dem Bahnhof **Stadtoldendorf** kommend radeln wir links, an der Einmündung in die Ortsdurchfahrt wieder links und dann vor dem Bahnübergang wieder rechts. Vorbei an einem Gipswerk (markante Gewerbezweige für Stadtoldendorf) geht es zunächst immer längs der Eisenbahnstrecke, an einem Steinbruch links herum, bis die Schotterstraße dann in rechtem Winkel die Bahnstrecke verläßt. Durch Felder und Äcker kommend erreichen wir bald wieder einen asphaltierten Wirtschaftsweg, wobei sich ein herrlicher Blick auf die vor uns liegende Berglandschaft bietet: links der *Eberstein* mit dem sich dahinter anschließenden *Burgberg*, der in der ersten Hälfte des 19. Jahrhunderts einmal eine der 61 Stationen des optischen Telegrafen von Berlin nach Koblenz war, und rechts der zerklüftete *Vogler*.

Wir rollen hinunter in die Ortschaft **Negenborn**, deren Namen von „neun Quellen" abgeleitet ist. Wir überqueren die Ortsdurchfahrt und radeln gegenüber geradeaus weiter, wobei wir an einigen alten Fachwerkhöfen vorbeikommen. Bei der Einmündung halten wir uns rechts, radeln dann links über eine Brücke, um gleich wieder rechts in die Straße „An den Rotten" abzubiegen und an der nächsten Einmündung geht es dann wieder links. Nach einem kurzen Anstieg führt uns der Wirtschaftsweg nach **Golmbach** (regional für seine Obstweine bekannt), in das wir nach links hineinradeln. Bei der Einmündung folgen wir – uns immer rechts haltend – der Wegweisung *Bodenwerder/Rühle* (geradeaus über *Warbsen* zum Weser-Radweg, Verknüpfung mit Tour 3 und Tour 8). Hier haben wir den ersten nennenswerten Anstieg zu meistern. Auf etwa 2,5 km steigt die Straße mit 7%iger Steigung an, die aber dennoch gut zu schaffen sind.

Variante: Wer sich den Anstieg über die Rühler Schweiz nicht zutraut, kann die Bergstrecke auch umfahren und über **Warbsen** nach **Forst** radeln, wo man auf den Weser-

Fernradweg stößt, dem man weserabwärts folgt und in *Rühle* wieder Anschluß an die eigentliche Tour hat. Allerdings ist diese Strecke etwa zwölf Kilometer länger.

Die Straße führt uns durch die **Rühler Schweiz**, ein Gebiet, das für seine vielen Kirsch- und Obstbäume und den daraus gemachten Wein bekannt ist. An manchen Wochenenden werden an dieser Straße von Verkaufswagen aus Obstweine und regionale Wurstwaren angeboten. Besonders reizvoll ist die Gegend zur Zeit der Kirschblüte und zur Kirschernte (Selbstpflücken möglich). Auf dieser Strecke hat man zudem wieder einen schönen Blick auf die kleinteilige und hügelige Landschaft mit den verstreut liegenden kleinen Dörfern. Und kurz vor Erreichen der Höhe können wir nach links auch einen Blick ins Wesertal werfen, von wo ein kurzes Stück der Weser heraufblitzt.

Mit zehn Prozent Gefälle geht es nun an der mit Kirschbäumen gesäumten Straße hinunter ins Wesertal, wobei wir zunächst den gesamten Höhenzug des *Voglers* vor uns liegen haben. Wer gute Augen hat und einen kurzen Blick von der Straße riskieren kann, sieht vor sich auch den hölzernen Aussichtsturm auf dem *Ebersnacken* (450 m).

In der Ortsmitte von **Rühle** können wir nun der Straße nach *Dölme* folgen, die uns direkt zur Weser und damit zum Weser-Fernradweg (Verknüpfung mit Tour 3) führt, wo am Dampferanleger das „Strandcafé" zu einer Pause einlädt.

Eine andere Möglichkeit ist es, weiter durch Rühle bis zum „Wirtshaus am Weinberg" zu fahren, wo der Bier- und Cafégarten eine gute Einkehrmöglichkeit bei preiswerten Gerichten bietet. Direkt vor der Gaststätte führt ein Fußweg im Zickzack zu einem wuchtigen Denkmal, das die Rühler 1909 dem Herzog Wilhelm von Braunschweig-Lüneburg errichteten und von wo man einen herrlichen Blick ins Wesertal hat. Wir fahren dann weiter die Landstraße Richtung *Bodenwerder* und biegen nach dem Friedhof nach links zum Weser-Radweg hinunter, dem wir bis **Bodenwerder** folgen, radeln über die Weserbrücke und nehmen am besten gleich den kurzen Fußweg am Ende der Brücke, der uns hinunter an die Weser-promenade führt. Hier befinden sich zahlreiche Gaststätten und Cafés sowie der Dampferanleger.

Bodenwerder, die Stadt des „Lügenbarons", wird bei Tour 3 ausführlich beschrieben.

Wir fahren wieder über die Weserbrücke zurück und folgen nach links der Ausschilderung *Eschershausen* (nach links Richtung *Daspe* über den Weser-Fernradweg Verknüpfung mit Tour 2) und an der Gabelung rechts der Richtungsangabe *Kirchbrak*. Die verkehrsarme Straße führt uns im *Lennetal* wieder in den Naturpark *Solling-Vogler* hinein, und wir kommen durch **Westerbrak** (hinter roten Sandsteinmauern befindet sich ein ehemaliges Rittergut) und **Kirchbrak** (mittelalterliche Dorfkirche aus Bruchsandstein mit romanischem Charakter). Ein großer Steinbruch linkerhand, der einen Einblick in die Erdgeschichte liefert, kündigt einen kurzen kräftigen Anstieg an, dem dann die Abfahrt nach **Oelkassen** – vor uns der schmale und langgestreckte Kalksandsteinrücken *ith* – folgt, wobei wir auf der Vorfahrtsstraße nach rechts in den Ort hineinradeln.

Hier bietet sich geradeaus weiter ein kleiner Umweg über die zweieinhalb Kilometer entfernte Kleinstadt **Eschershausen** an, die seit 1833 als Stadt anerkannt ist. Sie ist die Geburtsstadt des 1831 geborenen Dichters und Erzählers Wilhelm Raabe. Zahlreiche seiner Erzählungen spielen im Weserbergland. In seinem Geburtshaus (Raabestraße 5, Telefon 0 55 34 / 5 31) ist eine Gedenkstätte eingerichtet. Erwähnenswert wäre noch das „Eiscafé Dolomiti", wo es ein hervorragendes Eis gibt.

Von Eschershausen aus erfolgt wieder Anschluß an die eigentliche Tour, indem man wieder bis zur Ampelanlage zurückradelt, dort der links abbiegenden B 64 in Richtung *Holzminden* folgt und kurz darauf rechts in den Angerweg einbiegt. Am Ortsende geht es dann nach links auf einem Wirtschaftsweg bis zu einem Grillplatz mit Wassertretbekken. Darüber stößt man auf den von *Oelkassen* kommenden Forstweg, dem man nach links folgt.

Zur **Fortsetzung der Tour** biegen wir in Oelkassen gleich rechts in die Forststraße ein, der wir immer geradeaus folgen und dann – vorbei an einem Rast- und Grillplatz – den Wald erreichen. Hier haben wir auf gut 800 m einen starken Anstieg zu bewältigen und können nach Erreichen der Höhe kurz einen Blick auf das unter uns liegende *Eschershausen* werfen. Nun geht es in leichtem Auf und Ab immer geradeaus durch den Wald, wobei wir uns teilweise auf einem Waldlehrpfad befinden. Am Ende des Waldes erreichen wir eine asphaltierte Straße, der wir nach rechts folgen, um dann kurz darauf der rechts abknickenden Schotterstraße zu folgen, die allerdings etwas holprig ist. Wir stoßen auf eine Kreisstraße, der wir nach links bis zur B 64 folgen, wo es rechts zum

Kloster Amelungsborn geht, einem um 1130 gegründeten Zisterzienserkloster, das von einer weitläufigen Klosterdomäne umgeben ist. Gestiftet wurde es vom Grafen Siegfried IV. von Northeim, der auch als der Erbauer der Homburg gilt. Amelungsborn war auch wichtiger Ausgangspunkt für die Ostkolonisation. Die der Jungfrau Maria geweihte Klosterkirche aus rötlichem Wesersandstein besteht aus einem romanischen Langhaus, einem gotisch eingewölbten Querschiff und einem gotischen Chor aus dem 14. Jahrhundert. Die 1568 dem Kloster angegliederte Schule wurde 1780 nach Holzminden verlegt und gilt als Vorläufer des heutigen Gymnasiums.

Wir verlassen Kloster Amelungsborn auf der B 64 nach rechts und folgen dann der rechts nach *Stadtoldendorf* abbiegenden Kreisstraße. In der Stadt radeln wir über die Burgtorstraße nach rechts in den Altstadtbereich hinein. Wer noch einen schönen Überblick über Stadt und Landschaft haben will, kann über einen Fußweg zum *Försterbergturm* hochsteigen.

Zum Bahnhof kommen wir wieder, indem wir an der Kirche links abbiegen, dann gleich wieder rechts und an der Einmündung in die Neue Straße ebenfalls rechts. Kurz darauf folgen wir der nach links abbiegenden Braaker Straße Richtung *Dassel*, wo wir der Ausschilderung Bahnhof folgen können.

Tour 5

Zum Malerstädtchen Schwalenberg – Von der Fachwerkstadt Höxter ins Lippische und rund um den Köterberg

Höxter ist eine reizvolle Weserstadt, die aufgrund großzügiger Unterstützung des Landes Nordrhein-Westfalen und der Bemühungen seiner Bürger in den vergangenen Jahren mit ihren zahlreichen restaurierten Fachwerkhäusern wieder ein überaus ansprechendes historisches Stadtbild vorzuweisen hat. Eines der Seitentäler der Weser ist das Grubetal, das von Höxter aus, beiderseits von bewaldeten Höhen umgeben, in den Naturraum des Oberwälder Landes mit großflächigem Wechsel von Wald, Acker und Wiesen führt. Dem Löwendorfer Hügelland schließen sich nördlich die Schwalenberger Höhen an, zu denen auch der Köterberg (496 m) gehört. Der Dreiortspunkt der Kreise Lippe, Holzminden und Höxter ist zugleich die höchste Erhebung des Kreises Höxter und ein hervorragender Aussichtspunkt nach allen Richtungen.

Die Tour führt durchs Grubetal über die Abtei Marienmünster zum lippischen Maler- und Trachtenstädtchen Schwalenberg, von dort durch den Schwalenberger Wald und südöstlich um den Köterberg herum wieder ins Wesertal hinunter.

Start und Ziel: Bahnhof Höxter-Rathaus mit Anschluß ans IR-Netz in Altenbeken im Westen und in Kreiensen im Osten

Streckenlänge: 55 km

Verknüpfungsmöglichkeiten: im Westen vom R 1 über Nieheim mit Tour 6, im Norden von Schwalenberg nach Schieder bzw. von Rischenau über Elbrinxen mit Tour 1 sowie von Rischenau nach Falkenhagen mit Tour 3, im Süden in Ovenhausen mit Tour 7 und im Osten in Höxter mit Tour 8

Steigungen: mehrere leichtere Steigungen am R 1, starker Anstieg von Marienmünster nach Kollerbeck, stärkere Steigung

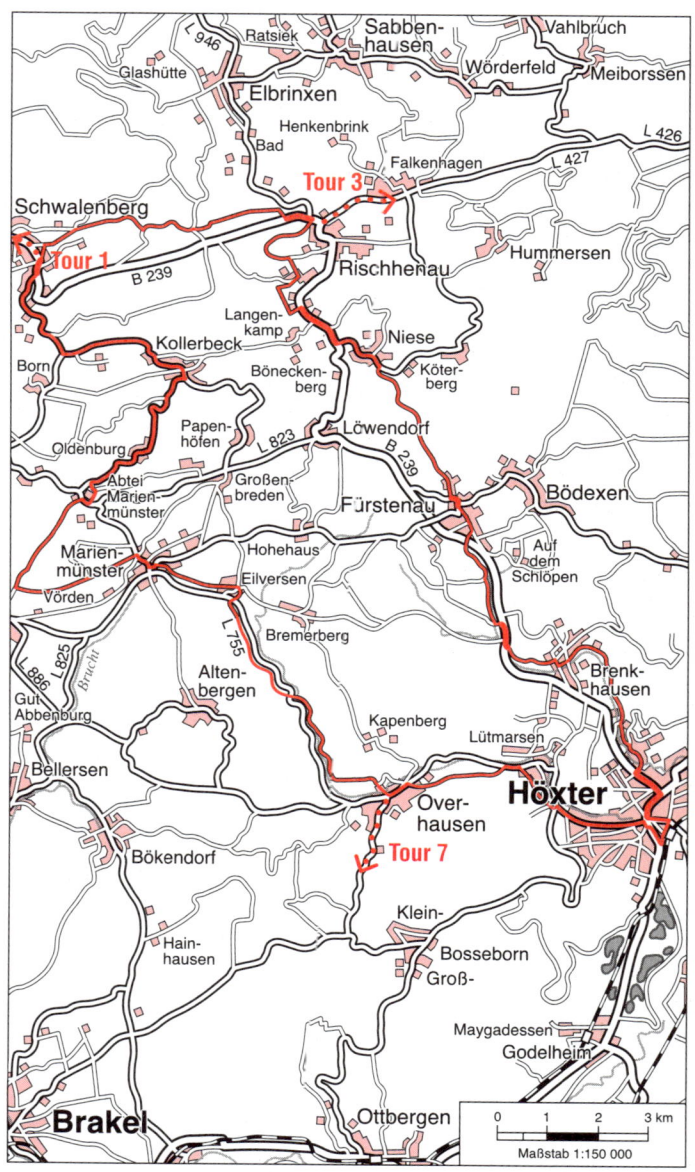

Ratsiek Sabben-hausen Vahlbruch
L 946
Glashütte Wörderfeld Meiborssen
Elbrinxen
L 426
Henkenbrink
Bad L 427
Falkenhagen
Tour 3
Schwalenberg
Hummersen
Tour 1
B 239 Rischhenau
Langen-kamp Niese
Kollerbeck
Born Bönecken-berg Köter-berg
Papen-höfen L 823 Löwendorf
Oldenburg B 239
Abtei Großen-breden Bödexen
Marien-münster Fürstenau
Marien-münster Hohehaus Auf dem Schlöpen
Vörden Eilversen
L 755 Bremerberg Brenk-hausen
L 825 Alten-bergen Kapenberg Lütmarsen
Gut Abbenburg Bruch
Bellersen Over-hausen Höxter
Bökendorf Tour 7
Klein-
Hain-hausen Bosseborn
Groß-
Maygadessen
Godelheim
Brakel
Ottbergen

| 0 | 1 | 2 | 3 km |

Maßstab 1:150 000

52

UNTER DER GLÜCKSELIGSTEN REGIERUNG DES HOCHGEBORNEN GRAFEN
V. HERRN HERRN FRIEDRICH ADOLPH REGIERENDEN GRAFEN V. EDLEN HERRN ZUR
LIPPE, SOUVERAIN VON VIANEN, AM DEN ERBBURGGRAF ZU UTRECHT &c GE
UND ANORDNUNG DES ITZIGEN AMTMANS ZU SCHWALENBERG VOLDEN JOHAN
SCHMIT IST DIESES HAUS   ERBAUET V. DEN 10 SEPT.
AN NO 1658   WORDEN

750 JAHRE SCHWALENBERG

AN. DO. 1231 AUFGESTELLT 1981

Deelenbogen in Schwalenberg

Münchhausens Geburtshaus in Bodenwerder

Aussicht auf den Köterberg

vor Schwalenberg und im Schwalenberger Forst sowie vor Biesterfeld

Wegebeschaffenheit: außer durch den Schwalenberger Forst nur asphaltierte Wege und Straßen

Sehenswürdigkeiten: *Höxter:* Historische Altstadt, Rathaus, Dechanei, Kilianikirche
Vörden: Schloß
Marienmünster: ehemalige Benediktinerabtei
Schwalenberg: Historischer Ortskern, Rathaus, Burg
Biesterfeld: ehemalige Meierei
Brenkhausen: ehem. Benediktinerinnenabtei, Klosterkirche

Gaststätten: vielfältiges Angebot in Höxter, Gaststätte „Zum Krug" in Vörden; Restaurant „Klosterkrug" und Café „Waldblick" an der Abtei Marienmünster; Gasthaus „Berggarten" und Café „Anno 1700" in Schwalenberg

Karten: Freizeitkarte Kreis Höxter 1 : 50 000, Ausgabe 1994 (Landesvermessungsamt NRW); Radwanderkarte „Lipperland" 1 : 50 000 (Landesvermessungsanstalt NRW), zu beziehen im Buchhandel oder direkt bei der BVA

Informationen: Fremdenverkehrs- und Kulturamt der Stadt Höxter, Historisches Rathaus, 37671 Höxter, Telefon 0 52 71 / 63-4 31; Fremdenverkehrsverband „Corveyer Land", Bismarckstraße 9, 37671 Höxter, Telefon 0 52 71 / 6 14 05; Verkehrsbüro Schwalenberg, Postfach 100, 32811 Schieder-Schwalenberg, Telefon 0 52 48 / 2 12

Höxter, eine der ältesten Städte Norddeutschlands, deren Entwicklung in engem Zusammenhang mit der 822 gegründeten Benediktinerabtei Corvey zu sehen ist, verdankt ihre mittelalterliche Blüte der Lage an der Weser am Kreuzungspunkt zweier überregionaler Heer- und Handelsstraßen, dem Hellweg vom Rhein an die Elbe und der Nord-Süd-Verbindung, die von Bremen nach Kassel führte.

Die älteste Urkunde aus dem Jahre 1115 für den „Markt an der Brücke in Höxter" belegt die wohl älteste Brücke über die

Weser überhaupt. Parallel zu Corvey entwickelte sich der Markt Höxter stetig, während die Siedlung Corvey nach ihrer Zerstörung 1265 durch Bürger Höxters und des Bischofs von Paderborn ihrem Niedergang entgegensah.

Höxter ist keine gegründete, sondern eine gewordene Stadt. Nachdem sie um 1150 das Recht erhalten hatte, sich mit einer Stadtmauer zu umgeben, übernahm der Rat 1250 das Dortmunder Stadtrecht. 1293 wurde Höxter Mitglied der Hanse. Der Dreißigjährige Krieg und die spätere Zerstörung der Weserbrücke markierten einen starken Einschnitt in der weiteren Entwicklung Höxters. Aus dieser Zeit stammt neben den schönsten Fachwerkhäusern auch das heutige Erscheinungsbild des Historischen Rathauses, das seit 1994 nach umfassender Restaurierung den Bürgern als sozio-kulturelles Zentrum zur Verfügung steht.

Sehenswert das Tilly-Haus von 1582, das Haupthaus des Heistermann von Zielbergschen Adelshofs in der Westerbachstraße 33 sowie das Brauhaus (Nr. 28, dessen Vorgängerbau – ein Steinhaus – auf das Jahr 1330 zurückgeht), der von Uffelnsche Adelshof (1594) am Möllingerplatz, in dem heute das Amtsgericht untergebracht ist, die reichverzierten Gebäude Dechanei (1561) und Haus Schäfer (1530) in der Fußgängerzone, die barocke Nicolaikirche (1766), die 1075 geweihte St. Kilianikirche mit einer der schönsten romanischen Zweiturmfassaden im Weserraum, das gegenüberliegende Küsterhaus (1565) sowie in der Stummrige Straße ein hochherrschaftliches Bürgerhaus von 1554 (Nr. 19) und das Adam-und-Eva-Haus von 1571 (Nr. 27).

Wir verlassen den Bahnhof **Höxter** nach links und radeln unter der Eisenbahnunterführung rechts über die Weserpromenade, folgen nach dem Kiosk dem rechts über die Eisenbahnschienen abbiegenden Radweg R 1 (Euroroute bis zur Atlantikküste) über die Wallanlage bis zum Kriegerdenkmal, dann links über die Kreuzung und längs des *Bollerbaches*. Bald erreichen wir auf dem durchgehend gut ausgebauten Radweg **Lütmarsen** und kurz darauf das Bundesgolddorf **Ovenhausen**. (An der Kirche links Richtung *Bosseborn* Verknüpfung mit Tour 7.)

Nach 300 m verläßt der Radweg die Ortsdurchfahrt nach rechts, wo sich auch gleich ein Rastplatz mit Wassertretbecken befindet. Der erste nennenswerte Anstieg führt in den Ort **Eilversen**, an der kleinen Kirche von 1852 nach links und dann hinunter nach

Vörden, dem Sitz der Stadtverwaltung der Stadt Marienmünster, die man als geschlossene Siedlung vergebens sucht. Bei der kommunalen Neugliederung im Jahre 1970 haben sich zwei Städte und elf Gemeinden zur Stadt Marienmünster zusammengeschlossen und sich den Namen der nahegelegenen ehemaligen Benediktinerabtei gegeben. Vörden, staatlich anerkannter Erholungsort mit vielfältigen Freizeitmöglichkeiten, ist das zweite im Kreis Höxter befindliche „Tourismus-Musterdorf", das vom Land Nordrhein-Westfalen gefördert wird. Ziel dieses Modellprojekts ist es, den Fremdenverkehr in der Region durch beispielhafte Fremdenverkehrsangebote zu aktivieren.

Sehenswert in Vörden ist noch das gut erhaltene Schloß, das auf einem alten Burggelände errichtet wurde und über einen schönen Park verfügt.

Wir folgen der R 1-Ausschilderung durch den Ort, die dann an der Kirche nach links wieder auf einen Wirtschaftsweg führt. Nach gut zwei Kilometern erreichen wir eine Querstraße, an der der R 1 nach links abbiegt (über *Bredenborn* Richtung *Brakel* Verknüpfung mit Tour 5). Hier biegen wir vorbei an einem Wegekreuz unter mächtigen Linden, rechts ab. Auf einer schmalen Straße radeln wir durch Getreidefelder und Äcker und erreichen nach einem kurzen Anstieg einen Steinbruch mit einer Mariensäule. Danach folgt nochmals ein kurzer kräftiger Anstieg, und nach einer Rechtskurve sehen wir bereits die ehemalige Benediktinerabtei Marienmünster vor uns liegen. Wir fahren bei der Einmündung rechts herum und erreichen nach der Kurve den Zugang.

Die **Benediktinerabtei Marienmünster** mit der markanten Drei-Turm-Kirche wurde 1228 von Graf Widukind III von Schwalenberg als Sühnekloster gestiftet. Ihre Blüte erreichte die Abtei im 12. und 13. Jahrhundert. Nach der teilweisen Zerstörung im

Dreißigjährigen Krieg erfolgte ab 1661 der Wiederaufbau. Sehenswert ist neben der Gesamtanlage insbesondere der Barockaltar, das schmiedeeiserne Chorgitter und die Orgel von 1736.

Wir folgen dem Hinweisschild „Café Waldblick". Das Café mitten im Grünen auf dem Areal der Klosteranlage lädt zu einer Pause ein.

Weiter geht es am Café vorbei auf dem nach links schwenkenden Forstweg, an der Einmündung links ab und vorbei an einem größeren Teich. Bei der nächsten Einmündung folgen wir der Kreisstraße nach rechts und erreichen bald einen kleinen Teich, an dem auch immer wieder Reiher brüten. Hier beginnt auf etwa 500 m ein sehr starker Anstieg bis zum Weiler **Oldenburg**.

Von der Straße aus können wir bald hinter uns den noch erhaltenen Turm der *Oldenburg* sehen. Sie war die Stammburg der Grafen von Schwalenberg, in deren unmittelbarer Nähe die Abtei Marienmünster gegründet worden war.

Bei der nun folgenden steilen Abfahrt (10 % Gefälle) nach *Kollerbeck* haben wir einen schönen Blick auf das Niesetal und die das Tal umgebenden Höhenzüge.

Kollerbeck ist ein Dorf, das in engem Zusammenhang mit der *Burg Schwalenberg* steht, 1180 erstmals namentlich erwähnt wird und zur Grafschaft Schwalenberg gehörte. Bereits auf 1577 geht die Gründung der Collerbecker Schützengesellschaft zurück, die ursprünglich auch militärischen Zweck hatte.

Wir folgen der Ortsdurchfahrt in Richtung *Schwalenberg*, folgen der *Niese*, radeln vom Kreis Höxter in den Kreis Lippe und erreichen die L 886, wo es dann rechts ab hinauf in einem stärkeren Anstieg nach *Schwalenberg* geht.

Die Stadtgründung **Schwalenbergs** datiert in 1231. Die historische Altstadt mit mittelalterlichen, reichverzierten und bemalten Fachwerkbauten wird besonders von dem reizvollen Fachwerkrathaus (1579 errichtet, 1907 um rechtsliegenden Anbau erweitert) geprägt. Hoch über dem Städtchen liegt die um 1230 von Ritter Volkwin IV. errichtete Höhenburg, in der heute ein Hotel mit Restaurant und Café untergebracht ist, und die einen herrlichen Blick ins Lipperland bietet.

Sehenswert ist ferner die frühgotische Kirche. Seit Jahren richtet Schwalenberg internationale Trachtenfeste aus. Das Malerstädtchen verfügt über mehrere Galerien und Kunstausstellungen.

> Wir verlassen *Schwalenberg*, indem wir auf dem Markt am Café „Anno 1700" und dem Volkwin-Brunnen vorbei vor dem Hotel „Malkasten" nach rechts über Kopfsteinpflaster in ein Tal gelangen, wo wir vor dem Spielplatz mit Wassertretbecken nach links radeln und auf den ausgeschilderten Radweg Nr. 12 stoßen, dem wir nach rechts folgen. Nach dem Forsthaus zweigt der Radweg rechts auf eine geschotterte Forststraße ab. Nach etwa 500 m starkem Anstieg biegt der Weg nach rechts ab und macht bald darauf einen Knick nach links. Wir überqueren eine breite asphaltierte Forststraße und stoßen dann auf die B 239, der wir nach links nach **Rischenau** (über *Elbrinxen* nach *Lügde* Verknüpfung mit Tour 1) folgen.

Abstecher: In Rischenau besteht die Möglichkeit eines Abstechers zum zwei Kilometer entfernten ehemaligen Zisterzienserkloster Falkenhagen (genauere Beschreibung bei Tour 3).

> Vor der Post in der Ortsmitte von Rischenau biegen wir rechts in die Straße Schmiedeberg ein, die in der Verlängerung Kuhkempe heißt. Nach gut 500 m geht es mit kurzem kräftigem Anstieg links nach *Biesterfeld* hoch, eine Ansammlung weniger Gebäude.

Biesterfeld, ehemals Hof und Meierei (1763), später Domäne (1880). Seit 1700 war der Herrensitz Biesterfeld Sammelpunkt pietistischer Kreise, einer religiösen Bewegung des Protestantismus zur Reformierung der Kirche. Der Landesverband Lippe als Eigentümer und Verwalter des größten Teils des ehemaligen fürstlichen Grundbesitzes löste in den 60er Jahren den Hof

Biesterfeld auf und verkaufte die verbliebenen Gebäude an Interessenten. Ortsbildprägend ist die um 1370 gepflanzte Marienlinde beim Dorfbrunnen.

Wir verlassen Biesterfeld vorbei an der Linde und radeln nach rechts aus dem Dörfchen, biegen gleich wieder links und dann gleich wieder rechts ab und erreichen die B 239. Leider müssen wir rund zwei Kilometer auf der mitunter stärker befahrenen Landstraße radeln und folgen dann nach links der Ausschilderung *Köterberg*, wo wir gleich darauf die

Bauernschaft **Niese** – nach dem gleichnamigen, unterhalb des Köterbergs entspringenden Flüßchen benannt – erreichen, heute ein Stadtteil von Lügde. Niese wird 1033 erstmals urkundlich erwähnt, in der Soester und Eversteiner Fehde im 15. Jahrhundert zweimal zerstört und 1522 durch die Kreuzherren des naheliegenden Klosters *Falkenhagen* wieder neu besiedelt.

Wir folgen der Ortsdurchfahrt, biegen 50 Meter nach dem Ortsendeschild rechts auf eine gleich wieder links abknickende Asphaltstraße, nehmen den letzten Anstieg vorbei an dem Einzelhof *Falkenflucht*, links wieder mit Blick auf den *Köterberg*, und haben auf der Höhe dann einen weiten Blick ins Wesertal und den dahinterliegenden *Solling*. Steil geht es dann nach **Fürstenau** hinunter, biegen an der Einmündung links ab und folgen der Ortsdurchfahrt, um dann etwa 200 m nach dem Ortsschild am letzten Bauernhof rechts in den Weg Auf der Luchte einzubiegen. Wir überqueren die B 239, halten uns nach der Brücke immer links und rollen talwärts. Bei der Einmündung in die Bundesstraße folgen wir dieser weiter talwärts, um nach 700 m links in einen Forstweg einzubiegen. Bald erreichen wir **Brenkhausen**, biegen die erste Querstraße rechts ab und erreichen das ehemalige *Kloster Brenkhausen*.

Beim **Kloster Brenkhausen** handelt es sich um ein ehemaliges Benediktinerinnen-Kloster, dessen Gebäude unter Denkmalschutz stehen und das neben Corvey zur bedeutendsten Klosteranlage in Ostwestfalen zählt.

Die ursprüngliche Anlage wurde um 1246 erbaut, und nach teilweisem Abbruch 1712-46 wurde das zweigeschossige Dreiflügelhaus (Konventsgebäude) errichtet. Seit der Klosteraufhebung 1803 wechselte die Anlage mehrmals den Besitzer.

Der barocke Teil ging 1970 durch Schenkung in Landesbesitz über und wurde 1994 von der Koptischen Kirche Deutschlands, die sich als christliche Urkirche versteht, erworben. Nach der Restaurierung der barocken Klostergebäude wird ein Kloster mit Kirche für koptische Mönche eingerichtet.

Die ehemalige Klosterkirche, heute die katholische Pfarrkirche von Brenkhausen, birgt mit dem Hochaltar ein wichtiges Werk des Malers Johann Georg Rudolphi (1633-1693). Beim Altargehäuse handelt es sich um ein besonders sehenswertes Werk der Barockkunst.

Wir verlassen den Klosterbereich und folgen dabei dem regionalen Radweg HX 3 durch das *Schelpetal*. Auf dem linkerhand liegenden *Räuschenberg* befindet sich der Flugplatz Höxter-Holzminden, auf dem neben einer Segelflugschule auch ein Höxteraner Fallschirmspringer-Club (mehrfacher Deutscher Meister in verschiedenen Disziplinen) seinen luftigen Sport treibt.

Vor der Schelpebrücke biegt der Radweg links ab, an der Einmündung rechts und an der Ampel nach links in die Brenkhäuser Straße. Wir überqueren die Entlastungsstraße und biegen gleich wieder rechts in die Luisenstraße ein. Entlang der Wallanlagen erreichen wir die Westerbachstraße, der wir links folgen und direkt zum Bahnhof an der Weserbrücke gelangen.

Tour 6

Durch den Heilgarten Ostwestfalens – Auf den Spuren von Friedrich Wilhelm Weber und Peter Hille

Das Heilbad Bad Driburg liegt in einer Mulde am westlichen Rand des steil ansteigenden Eggegebirges, das Teil des Naturparks Eggegebirge-Südlicher Teutoburger Wald ist. An den anderen Seiten ist die Stadt umgeben vom Driburger Hügelland, ein von kleinen Längs- und Quertälern durchzogenes Gebiet mit zahlreichen Kuppen und Rücken. Die idyllische Landschaft mit den sanften Hügeln, grünen Wiesen und üppigen Wäldern wird auch als Teil des „Heilgartens Ostwestfalens" bezeichnet. Nördlich davon schließt sich die Steinheimer Börde an, eine fruchtbare und leicht gewellte Flachmulde.

Die Tour auf den Spuren zweier westfälischer Dichter führt durch eine hügelige Region, vorbei an zwei Wasserschlössern und einem weiteren Heilbad.

Start und Ziel: Bahnhof Bad Driburg mit Anschluß an das IR-Netz in Altenbeken im Westen und in Kreiensen im Osten

Streckenlänge: 40 km

Verknüpfungsmöglichkeiten: im Norden von Nieheim über den R 1 in Richtung Höxter mit Tour 5, im Süden von Bad Driburg über den R 2/R 6 nach Willebadessen und Warburg mit Tour 11 sowie über den R 2/51 über Istrup ebenfalls mit Tour 7

Steigungen: einzige nennenswerte und längere Steigung mittlerer Schwierigkeiten nach Alhausen

Wegebeschaffenheit: ausschließlich asphaltierte Straßen und Wirtschaftswege

Sehenswürdigkeiten: *Bad Driburg:* Kuranlagen mit Kurpark, Glasmuseum

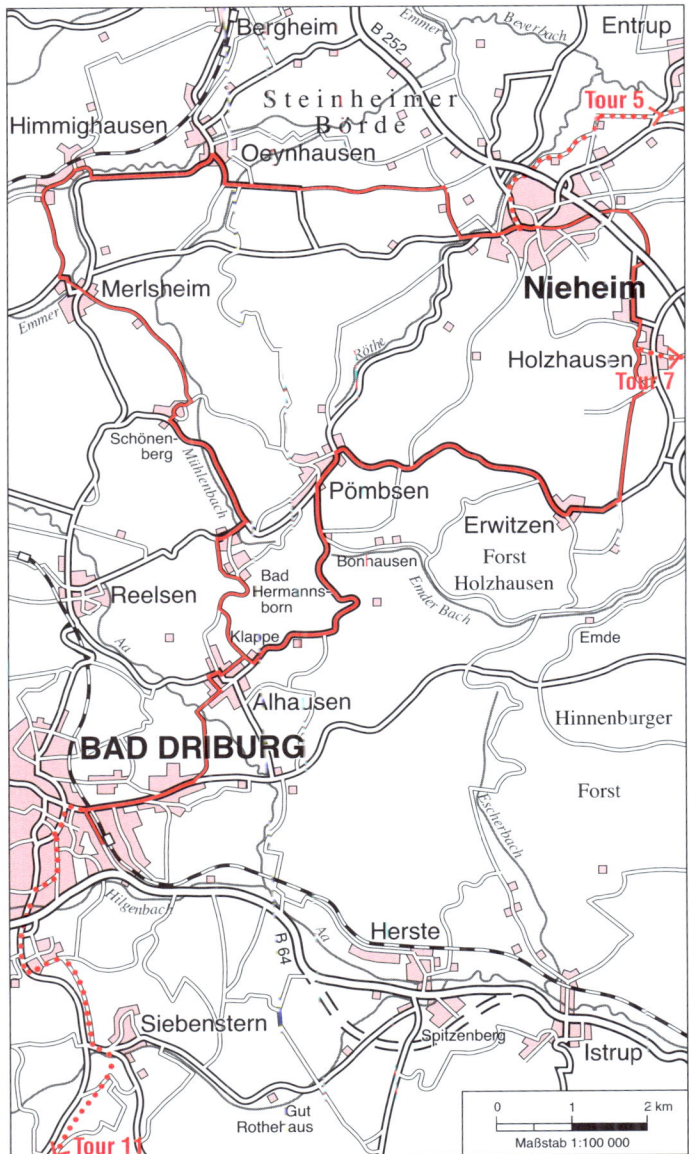

Bergheim

B 252

Entrup

S t e i n h e i m e r
B ö r d e

Tour 5

Himmighausen

Oeynhausen

Emmer

Merlsheim

Röthe

Nieheim

Holzhausen

Tour 7

Schönen-
berg

Mühlenbach

Pömbsen

Erwitzen

Forst
Holzhausen

Reelsen

Au

Bad
Hermanns-
born

Bonhausen

Ender Bach

Emde

Klappe

Alhausen

Hinnenburger

BAD DRIBURG

Forst

Eschenbach

Hilgenbach

Au

Herste

B 64

Siebenstern

Spitzenberg

Istrup

Gut
Rother aus

Tour 1

0   1   2 km

Maßstab 1:100 000

63

Alhausen: Friedrich Wilhelm Weber-Museum
Erwitzen: Geburtshaus Peter Hilles
Holzhausen: Wasserschloß
Nieheim: Weber-Gedenkstätte, Richterhaus, Rathaus
Merlsheim: Wasserschloß
Bad Hermannsborn: Heilbad mit Kurpark

Gaststätten: neben zahlreichen Gaststätten in Bad Driburg in Nieheim der „Ratskrug"

Karten: Freizeitkarte des Kreises Höxter 1:50 000, Ausgabe 1994 (Landesvermessungsamt NRW)

Informationen: Fremdenverkehrsverband „Corveyer Land", Bismarckstraße 9, 37671 Höxter, Telefon 0 52 71 / 6 14 05; Verkehrsamt Bad Driburg, Lange Straße 140, 33014 Bad Driburg, Telefon 0 52 53 / 8 81 80, Telefax 0 52 53 / 8 81 35; Heimat-, Verkehrs- und Kneippverein Nieheim, Rathaus, 33039 Nieheim, Telefon 0 52 74 / 83 04

Historisches Wahrzeichen von **Bad Driburg** ist die altsächsische Feste „Iburg", die wohl auch Namensgeber der späteren Stadt ist, die mindestens seit 1290 als solche gelten kann. Bereits 772 wurde auf der Iburg, hoch über der Stadt gelegen, eine dem Heiligen Petrus geweihte Kirche errichtet. Mitte des 14. Jahrhunderts wurde die Iburg zerstört und die Festung geschleift. Seit dem 15. Jahrhundert wird in und um Bad Driburg Glas hergestellt. Noch heute zählt der Ort zu den großen Umschlagplätzen für Kristallglaserzeugnisse. Auskunft über die frühe Glasherstellung in den Waldglashütten und über die Produkte der Manufakturen gibt das Glasmuseum der Stadt Bad Driburg im Heinz-Koch-Haus in der Schulstraße 7 (Telefon 0 52 53 / 88 18 73).

Die Heilquellen von Bad Driburg waren wahrscheinlich schon den Römern bekannt. Nachdem 1777 das erste Badehaus errichtet worden war, wurde aber erst durch die Übernahme im Jahre 1781 durch den braunschweigischen Oberjägermeister Caspar Heinrich von Sierstorpff der Grundstein für das heutige Heilbad gelegt, das sich bis heute in Familienbesitz befindet. Als Bad anerkannt wurde Driburg 1919, und 1974 folgte die staatliche Anerkennung als Heilbad. Ein großzügig angelegter

Kurpark mit weitverzweigtem Wegenetz und die im Biedermeier-stil erhaltenen Kurhäuser und Wandelhallen prägen das Gräfliche Privat-Heilbad. Und die Hölderlin-Gedenkstätte erinnert an einen der vielen berühmten Gäste.

Neben dem Heilbad verfügt Bad Driburg nach erfolgreicher Thermalbohrung seit 1994 auch über eine moderne und multi-funktionale Therme.

Wir verlassen Bad Driburg in östlicher Richtung über die Brunnenstraße, vorbei am Kurpark und einem attraktiven Freizeitbad, folgen am Ortsausgang dem ausgeschilderten Kreisradweg R 51 nach **Alhausen** und radeln bei der Einmündung nach rechts auf den Weberring, bis wir nach einer Rechtskurve gleich auf der linken Seite ein rotes Fachwerkhaus sehen, dem gegenüber sich die Gaststätte „Zum Weberhaus" befindet.

Es handelt sich bei dem Fachwerkhaus um das Geburtshaus des Dichters Friedrich Wilhelm Weber, in dem heute ein Museum untergebracht ist (Führungen nach Absprache unter Telefon 0 52 53 / 59 12).

Friedrich Wilhelm Weber wurde dort 1813 als Sohn eines Försters geboren. Nach Medizinstudium und Reisen durch mehrere europäische Länder ließ er sich 1840 in seinem Geburtsort als Arzt nieder. Zwei Jahre später verlegte er seine Praxis nach Driburg und war zeitweise auch Badearzt in Bad Lippspringe. 1862 ließ er sich auch als preußischer Landtagsabgeordneter in die Pflicht nehmen.

Sein dichterisches Schaffen zeigt Einblick in den Sprachreichtum und die Seelentiefe der Menschen des Corveyer Landes. In der ländlichen Abgeschiedenheit entstand sein Hauptwerk, das Versepos „Dreizehnlinden", das ihn mit einem Schlag als Dichter berühmt machte. 1887 bezog er mit Familie im nahegelegenen Landstädtchen Nieheim ein eigenes Haus, wo er 1894 auch seine letzte Ruhestätte fand.

Wir radeln zwischen Weberhaus und Gaststätte geradeaus weiter, folgen der Ausschilderung Sportplatz, lassen die Dreizehnlindenhalle links liegen und biegen bei der Einmündung links in die Straße nach *Nieheim* ein. Auf einer Länge von gut zwei Kilometern beginnt dann der einzige nennenswerte Anstieg dieser Tour. Mit Blick auf die Steinheimer Börde geht es rechts hinein ins Bergdorf **Pömbsen**. Kurz vor dem Ende der Ortsdurchfahrt folgen wir der nach rechts abzweigenden Kreisstraße in das im Tal liegende Walddörfchen

Erwitzen, wo sich das Geburtshaus des Dichters Peter Hille befindet (ein weißes Fachwerkhaus einige Häuser hinter der Kirche). In dem damaligen Schulhaus wurde der „Vagant und poetische Mystiker" Peter Hille 1854 als Sohn des Dorfschullehrers geboren. Der 1904 in Berlin verstorbene Schriftsteller gilt heute als Wegbereiter der literarischen Moderne. In seinem Werk zeigt sich deutlich die tiefe Verwurzelung mit der westfälischen Heimat. Seit 1983 ehrt ihn die Peter-Hille-Gesellschaft durch Veranstaltungen, Jahrbücher sowie durch eine in seinem Geburtshaus eingerichtete Gedenk-, Dokumentations- und Begegnungsstätte (Telefon 0 52 74 / 4 04).

Wir folgen weiter der Kreisstraße in Richtung *Nieheim*, die nach etwa 700 m eine langgezogene Linkskurve macht. Dort geht links ein Wirtschaftsweg ab, dem wir bis zur nächsten Einmündung folgen und uns dann rechts halten. Nach 200 m geht es an einem Wegekreuz mit einer großen Linde links ab. Wir folgen dem Weg immer geradeaus und lassen die Ortschaft **Holzhausen** (Straße links der Telefonzelle nach *Bellersen* Verknüpfung mit Tour 7) rechts liegen. Bald sehen wir rechterhand das

Schloß Holzhausen, ein Anfang des 19. Jahrhunderts in klassizistischem Stil errichteter Adelssitz. Das Wasserschloß ist mit einem großen landwirtschaftlichen Betrieb verbunden, und wenn man ein paar Schritte durch das gußeiserne Portal geht, an dem uns der Weg vorbeiführt, läßt sich ein Blick auf den von einer Gräfte umgebenen Adelssitz werfen.

Bei der Einmündung des Wirtschaftsweges folgen wir der nach links führenden Kreisstraße weiter in Richtung *Nieheim*. Kurz bevor die Straße an die auf einem Damm verlaufende Ost-Westfalen-Straße heranführt, folgen wir nach rechts einem Wirtschaftsweg, der die Straße unterquert. Nach etwa 600 m halten wir uns links, unterqueren abermals die Ost-Westfalen-Straße, fahren immer geradeaus nach *Nieheim* hinein und halten uns bei Erreichen der Ortsdurchfahrt links.

Das 750jährige **Nieheim** ist eine kleine, reizvolle, mittelalterlich anmutende Ackerbürgerstadt, die zwischen dem Eggegebirge und der Weser in einer sanft hügeligen Wald- und Wiesenlandschaft liegt. Um den mächtigen Turm der spätgotischen St.-Nikolaus-Kirche reihen sich das Rathaus im Stil der Weserrenaissance (1610), an dessen Vorderfront neben dem eisernen Schandring noch die Nieheimer Elle zu sehen ist, sowie die alte Volksschule, in der heute das Heimatmuseum untergebracht ist. Sehenswert sind außerdem das aus dem Jahre 1701 stammende Richterhaus und der Ratskrug in der Marktstraße, ein stattlicher Fachwerkbau aus dem Jahre 1712.

Der bekannteste Nieheimer Bürger war der Arzt, Politiker und Dichter Friedrich Wilhelm Weber, über den bereits bei Alhausen informiert wurde. Sein Epos „Dreizehnlinden" hat dazu beigetragen, Nieheim weit über seine heimatlichen Grenzen hinaus bekanntzumachen. Sein ehemaliges Wohnhaus, das „Weberhaus", beherbergt heute mit weiteren Ergänzungsbauten eine Heimvolkshochschule und eine Bildungsstätte der Kolpingfamilie. Führungen in der Weber-Gedenkstätte sind nach Absprache (Telefon 0 52 74 / 86 06) möglich.

Wir verlassen Nieheim in westlicher Richtung über die Marktstraße (über R 1 Verknüpfung mit Tour 5) und folgen der Straße in Richtung *Bad Driburg*. Kurz nach dem Ortsausgang folgen wir dem ersten rechts abgehenden Wirtschaftsweg und biegen kurz nach einem Einzelgehöft links ab.

Der immer geadeaus führende Weg bietet einen schönen Ausblick auf die Nieheim umgebende Hügellandschaft. Durch Wiesen und Felder, begrenzt durch eine reizvolle Heckenlandschaft, stoßen wir auf die Kreisstraße, die uns nach rechts in den an der *Emmer* gelegenen Ort **Oeyn-**

hausen mit seiner renaissancezeitlichen Kirche hineinführt. An der Einmündung in die Landstraße radeln wir
links Richtung *Bad Driburg* und biegen nach etwa 2 km
rechts in das Dorf **Himmighausen** ein.

Dessen berühmtester Sohn war der dichtende Bauersmann
und Gastwirt Fritz Kukuk (1905-1987). Gegenüber der Kirche
befindet sich in einem alten Fachwerkhaus von 1780 die Land-
gaststätte mit dem passenden Namen „Zum Kuckuck".

Am Ortsende folgen wir dem nach links abgehenden
Kreisradweg R 51, der uns nach 3 km an den Ort *Merlsheim* heranführt, in den wir nach Überquerung der Landstraße bis hinter die Rechtskurve hineinradeln.

Prunkstück des erstmals 1292 erwähnten **Merlsheim** ist die
hinter Wirtschaftsgebäuden fast versteckt gelegene alte Ritterfe-
ste Merlsheim, deren beiden Haupttrakte um 1600 entstanden,
während der Ostflügel der zweiflügeligen Anlage Mitte des 16.
Jahrhunderts angebaut wurde. Wenn auch nicht zugänglich,
läßt sich doch ein Blick in den französischen Park aus der Zeit
der Erneuerung der Schloßanlage um 1670 werfen.

Der Kreisradweg R 51 führt uns sicher weiter durch ein
waldumsäumtes Tal auf teilweise hügeliger Strecke über
Schönenberg nach

Bad Hermannsborn, dessen Namensgebung im Dunkeln liegt.
Seine Mineralquellen sind seit ältester Zeit bekannt. Erst mit der
1925 durch die Barmer Ersatzkasse errichteten Anlage begann
die eigentliche Nutzung der kohlensäurehaltigen Heilquellen.
Hinter dem Brunnenhaus befindet sich der weitläufige Kurpark
mit Kurhaus.

Der R 51 führt dann rechts um die Kuranlage herum,
wobei ein letzter kurzer Anstieg zu bewältigen ist. Nun
geht es nur noch abschüssig in den Ort *Alhausen* hinein,
wobei wir weiter der Ausschilderung des R 51 folgen und
zum Ausgangspunkt Bad Driburg zurückradeln.

Tour 7

Auf den Spuren der Annette von Droste-Hülshoff – Durch den Hinnenburger Forst und das Nethetal

Mitten im Nethegau liegt zwischen dem Eggegebirge und der Weser der Luftkurort Brakel, eingebettet in eine leicht hügelige Landschaft, die vom Flüßchen Nethe durchzogen wird. Die Nethe, die ihren Ursprung im Eggegebirge hat und südlich von Brakel – nach Einmündung der Driburger Aa – nach Osten abknickt, gibt dem Gebiet nicht nur den Namen, sondern ist auch die Hauptwasserader in der Mitte des Corveyer Landes, die südlich von Godelheim in die Weser mündet.

Die Tour folgt von Brakel aus zahlreichen Spuren der Annette von Droste-Hülshoff. Ihr Name ist untrennbar mit der Novelle „Die Judenbuche" verbunden. Nach der Durchquerung des Hinnenburger Forstes geht es durch mehrere Täler des Oberwälder Landes zum Höhendorf Bosseborn und abseits vom Autoverkehr zurück nach Brakel.

Empfohlen wird aufgrund der topographischen Verhältnisse, daß die Tour auch in der beschriebenen Richtung gefahren wird.

Start und Ziel: Bahnhof Brakel mit Anschluß an IR-Netz in Altenbeken im Westen und in Kreiensen im Osten

Streckenlänge: 44 km (Variante über Höxter 56 km)

Verknüpfungsmöglichkeiten: im Norden von Bellersen nach Holzhausen mit Tour 6 und in Ovenhausen mit Tour 5, im Süden von Bruchhausen über Gut Roggenthal mit Tour 12

Variante: von Ovenhausen auf dem R 1 nach Höxter (Beschreibung Tour 5), durch das Wesertal bis zur Nethemündung, dann durchs Nethetal bis Bruchhausen mit Anschluß an die eigentliche Tour

Steigungen: neben einem mittleren Anstieg im Hinnenburger Forst nur noch ein stärkerer Anstieg ins Höhendorf Bosseborn

Wegebeschaffenheit: bis auf ein kurzes Stück im Hinnenburger Forst durchwegs asphaltiert

Sehenswürdigkeiten: *Brakel:* Rathaus, Alte Waage, Kapuzinerkirche
Bökendorf: Gut Bökerhof mit Laubengang
Abbenburg: Gutshof
Bruchhausen: Schloßanlage

Gaststätten: neben Gaststätten in Brakel „Haus Bodinkthorpe" in Bökendorf (ehem. Verwaltungsgebäude des Gutes Haxthausen) und Restaurant-Café „Quellenhof" in Bruchhausen

Karten: Freizeitkarte des Kreises Höxter 1:50000, Ausgabe 1994 (Landesvermessungsamt NRW)

Informationen: Fremdenverkehrsverband „Corveyer Land", Bismarckstraße 9, 37671 Höxter, Telefon 0 52 71 / 6 14 05; Fremdenverkehrsamt Brakel, Am Markt 5, 33034 Brakel, Telefon 0 52 72 / 6 09-2 69, Telefax 0 52 72 / 60 92 97

> Wir verlassen den Bahnhof **Brakel** und radeln gleich gegenüber über die Bahnhofstraße in die Innenstadt. Am Hanekamp erreichen wir die Fußgängerzone, der wir nach rechts (fast einmalig in der Region: in Brakel dürfen Fahrradfahrer die Fußgängerzone befahren!) bis zum Marktplatz folgen.

Das zwischen Eggegebirge und der Weser liegende **Brakel** zählte im Mittelalter zu den bedeutendsten Städten im Fürstentum Paderborn. Seine erste schriftliche Erwähnung im Jahre 836 verdankt Brakel einer Reisebeschreibung von Benediktinermönchen, die auf ihrem Weg nach Corvey dort rasteten. Ab dem 14. Jahrhundert steht Brakel in seiner vollen Blüte und gleichrangig im Bistum Paderborn mit den Städten Paderborn und Warburg. Zu den berühmtesten Söhnen Brakels zählt der bedeutende Barockmaler Johann Georg Rudolphi (1633-1693), dessen wichtigste Altarwerke sich außer in Corvey und Brenkhau-

Dechanei in Höxter

Maler- und Trachtenstadt Schwalenberg

Kuranlagen Bad Driburg

sen in Brakel und Paderborn befinden. Zu den sehenswerten Bauten der ehemaligen Hansestadt gehören das Rathaus, die Alte Waage, die Pfarrkirche St. Michael sowie die Kapuzinerkirche des westfälischen Baumeisters Johann Conrad Schlaun.

Wir verlassen den Marktplatz, indem wir rechts am Rathaus vorbeifahren, gleich rechts in die Königstraße einbiegen, der wir bis an die Einmündung in die L 863 folgen, die Straße überqueren und gleich links in den Heinefelder Weg einbiegen. Vorbei am „Theodor" erreichen wir einen kleinen See, an dem wir rechterhand vorbeifahren. Nach einem weiterer Weiher mit Minigolfanlage erreichen wir den großen Parkplatz des Kurparks von Brakel.

Im weitläufigen Kurpark mit gepflegten Anlagen und naturbelassenem Waldbereich findet man auch einen Ausschank-Pavillon des Kaiserbrunnens, eines Eisen-Säuerlings.

Wir lassen den Kurpark rechts liegen und radeln auf einem kurzen schlechteren Wegstück in den *Hinnenburger Forst* hinein, vorbei am links liegenden Feriendorf, halten uns dann rechts und folgen der allmählich ansteigenden Asphaltstraße.

Links auf der Anhöhe, in den Sommermonaten hinter Bäumen versteckt, liegt die **Hinnenburg**, die seit dem 13. Jahrhundert Sitz der Ritter von Brakel war. Nach dem Aussterben dieser Familie gelangte die Burg, deren dreiflügelige Anlage ihre wesentliche Gestaltung um 1600 erhielt, an die Herren von Asseburg. Die Burg ist für Besucher nicht zugänglich.

Nun folgt auf einer Strecke von etwa 500 m der erste stärkere Anstieg. Bald erreichen wir die links liegende *Schneekapelle*, die 1843 von Friedrich Graf von Asseburg-Rotenkirch errichtet wurde. Gleich danach teilt sich der asphaltierte Forstweg, dem wir nach links folgen. Nach etwa zwei Kilometern verlassen wir den Wald und blicken auf das unter uns liegende **Bökendorf**. An der links liegenden kleinen Wegekapelle fahren wir den Wirtschaftsweg geradeaus weiter, biegen am Ortsrand nach links in die Straße Am neuen Kamm ein, halten uns an der Einmündung rechts, um gleich wieder nach links in die Straße Bökerhof einzubiegen.

Das ehemalige Gut Haxthausen, auch **Schloß Bökerhof** genannt, um 1800 als Herrenhaus der Familie von Haxthausen errichtet, war im 19. Jahrhundert Mittelpunkt des „Romantiker-kreises" mit Josef von Görres, Clemens von Brentano, Annette von Droste-Hülshoff und den Brüdern Grimm. Letztere haben hier 39 ihrer bekannten Märchen gesammelt und geschrieben.

Das ehemalige Herrenhaus wird derzeit von der Bökerhof-Gesellschaft zum Museum ausgebaut, wobei das Konzept eine Einbindung in die Literaturlandschaft Ostwestfalen vorsieht. (Eröffnung für Herbst 1995 geplant.)

Gleich rechterhand des ehemaligen Gutshofes, unmittelbar hinter dem Tennisplatz, befindet sich der „Laubengang", ein Naturdenkmal aus dem späten 18. Jahrhundert, dessen Reste aus Hainbuchen noch zu durchwandern sind.

Seit über vierzig Jahren führt die aktive Laienspielschar auf ihrer Freilichtbühne jährlich ein Märchen und ein Erwachsenenstück auf.

Gegenüber dem Bökerhof biegen wir links in die Kreisstraße ein, kommen rechts an der ehemaligen *Oldentrupper Mühle* vorbei (ein oberschlächtiges Mühlrad dreht sich noch) und stoßen auf die L 825.

Hier besteht die Möglichkeit zu einem kleinen Abstecher zum 1 km entfernten **Bellersen**, „dem Dorfe B.", in dem „Die Judenbuche", die weltbekannte Meisternovelle der Dichterin Annette von Droste-Hülshoff, spielt. Seit kurzem ist Bellersen auch eines der beiden Projekte „Touristisches Musterdorf Nordrhein-Westfalen", in denen der notwendige Strukturwandel in ländlich geprägten Räumen durch die Aktivierung eines umwelt- und sozialverträglichen Tourismus gefördert wird. Im Rahmen dieses Projektes entstand dort auch „Das Urdorf", eine Ausstellung, in der man in einer historischen Gegenüberstellung ein Dorf jetzt und vor 2000 Jahren erleben kann. (Über die Seitenstraße „Im hohlen Grabe" nach Holzhausen Verknüpfung mit Tour 6.)

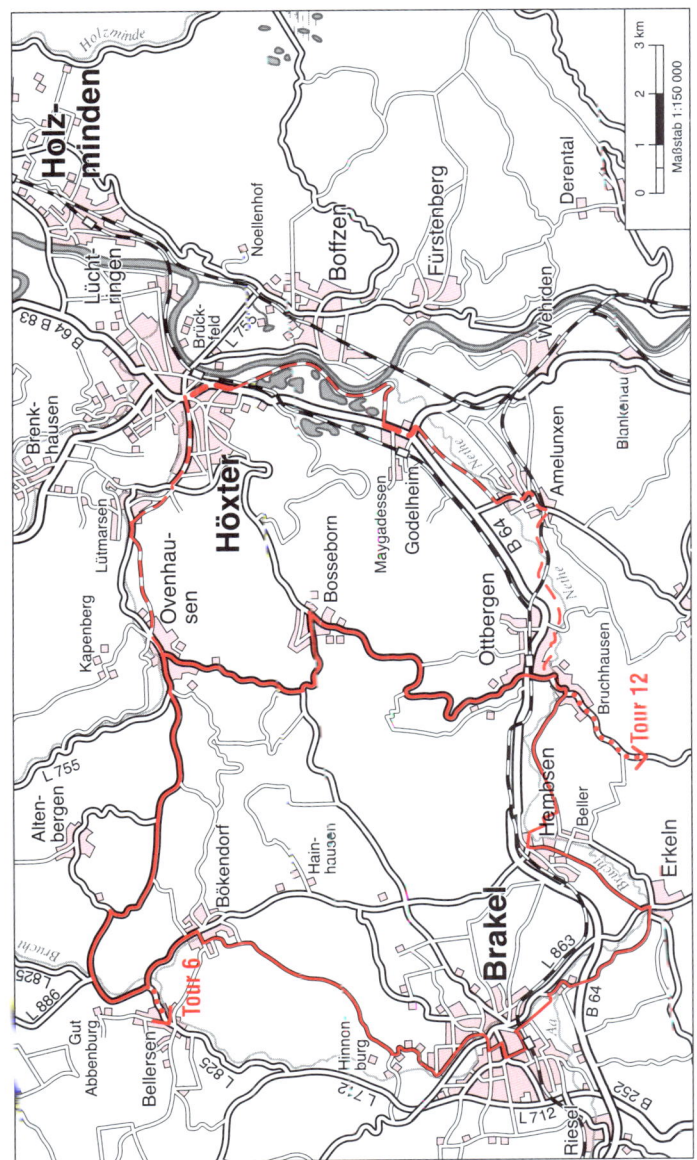

Holz-minden

Holzminde

Noellenhof

Lücht-ringen

Brenk-hausen

Brück-feld

L 755

Boffzen

Fürstenberg

Wehrden

Derental

Blankenau

Höxter

Amelunxen

Lütmarsen

Kapenberg

Ovenhau-sen

Bosseborn

Maygadessen

Godelheim

Ottbergen

Nethe

B 64

Bruchhausen

Nethe

Tour 12

Altenbergen

L 755

Bökendorf

Hainhausen

Hembsen

Beller

Erkeln

Bruch

Tour 6

L 825

L 886

L 887

Gut Abbenburg

Bellersen

Hinnon-burg

L 712

Brakel

L 863

Au

B 64

Riesel

L 712

B 252

Bruch

0 1 2 3 km

Maßstab 1:150 000

75

Wer gleich weiterfahren möchte, biegt rechts ab und sieht schon das **Gut Abbenburg** linkerhand vor sich liegen.

In der „Judenbuche" wird die Abbenburg als der Ort der Gerichtsverhandlung geschildert. Gut Abbenburg befindet sich in Privatbesitz, aber die Außenanlagen können besichtigt werden. Der noch bestehende älteste Teil ist die „Alte Rentei" (1558) mit dem Torhaus. Im Fachwerkstil schließt sich südlich das 1833 von den Brüdern von Haxthausen an der Stelle einer ehemaligen Wasserburg errichtete Herrenhaus an.

Auf der Kreisstraße folgen wir immer der Wegweisung nach *Ovenhausen*. Nach knapp vier Kilometern führt die Straße nach Ackerland in den Wald.

Unmittelbar am Waldbeginn befindet sich rechts der sogenannte „Droste-Stein". Auf der Rückseite des Gedenksteins steht: „Einen Steinwurf von hier waldeinwärts stand die Judenbuche, die aus Annette von Droste-Hülshoffs (1797-1848) gleichnamiger Meisternovelle bekannt ist."

Die schattige Stelle mit Bank und Tisch eignet sich übrigens gut für eine kleine Verschnaufpause.

Die Kreisstraße führt dann in hier typischem Buchenwald durch eines der Seitentäler des *Grubetales* auf abschüssiger Strecke direkt nach

Ovenhausen, eine Ortschaft, die eng verbunden ist mit der Geschichte von Kloster Corvey. 1078 erbauten auf dem östlich gelegenen Heiligenberg zwei Einsiedlermönche von Corvey das erste Kirchlein für die umliegenden Ortschaften. Seit Ende des 16. Jahrhunderts, als die Pfarrei nach Ovenhausen mit eigener Kirche verlegt wurde, hat das Kirchlein auf dem Heiligenberg den Charakter einer Wallfahrtskirche.

Erwähnenswert sind einige gepflegte Fachwerkhäuser mit zum Teil originellen Inschriften. Im Rahmen des Wettbewerbs „Unser Dorf soll schöner werden" errang Ovenhausen auch einmal den Titel „Bundesgolddorf". (In Ovenhausen auf dem R 1 Verknüpfung mit Tour 5.)

Variante: Von *Ovenhausen* aus besteht die Möglichkeit, die Tour über **Höxter**, das ausführlich bei Tour 5 beschrieben wird, zu führen. Die Strecke verlängert sich dadurch um etwa 12 km. Zu empfehlen ist diese etwas längere Strecke insbesondere „Bergmuffeln" oder Radlern, die bei dieser Gelegenheit noch Höxter oder Corvey kennenlernen wollen.

Wer die Variante über Höxter wählt, radelt auf dem Westfalenradweg R 1 bis *Höxter*. Von dort geht es dann längs des Weser-Radweges R 99 bis an die Mündung der *Nethe*. Hier zweigt der nach Brakel führende Kreisradweg R 2 ab (wobei man zur Zeit noch wegen eines nicht fertiggestellten Teilstücks geradeaus über die Ortschaft **Godelheim** radeln muß, dort nach links durch den Ort fährt und kurz vor Ortsende nach links in die Straße Marbeke einbiegt). Auf einem Wirtschaftsweg geht es immer geradeaus und am Sportplatz links nach

Amelunxen, dessen Existenz bereits für das 8. Jahrhundert sicher belegt ist. Die Herren von Amelunxen machten sich im 12. Jahrhundert als Raubritter recht unbeliebt, und 1536 wurde der Ort lutherisch. Das Amelunxer Schloß auf dem Gutshof stammt aus dem Jahre 1554. Das zur Stadt Beverungen gehörende Dorf verfügt über zwei Pfarrkirchen, eine evangelische im romanischen Baustil und eine katholische aus dem 19. Jahrhundert. Letztere verfügt über einen barocken Hochaltar mit seltenem Altarbild und eine wertvolle alte Orgel aus der Klosterkirche Corvey.

In der Ortsmitte radeln wir nach rechts in Richtung *Drenke* und fahren bei der Linkskurve geradeaus über den Löhneweg weiter, wo es auf einem neuen separaten Radweg entlang der Bahngleise, dann an der *Nethe* unter dem hohen Bahndamm hindurch nach **Ottbergen** und von dort weiter in den Luftkurort **Bruchhausen** geht. Hier erfolgt dann die Anknüpfung an die weitere Tour.

Fortsetzung der Tour: Wer die eigentliche Tour weiterradeln will, biegt in Ovenhausen an der Kirche rechts ab und folgt der Wegweisung *Bosseborn*, wobei bei einer teilweise stärkeren Steigung rund hundert Höhenmeter zu überwinden sind. In der Ortsmitte von **Bosseborn** folgen wir nach rechts der Wegweisung *Ottbergen*.

Auf der kurz nach dem Ortsende erreichten Höhe bietet sich ein wunderschöner Ausblick nach links ins *Wesertal* und auf den *Solling*.

In rasanter Fahrt geht es nun auf etwa 4 km hinunter ins *Nethetal* nach **Ottbergen**, das früher einmal ein wichtiger Eisenbahnknotenpunkt war. Wir radeln über die Bahn-gleise und gleich wieder rechts, wo wir nach 1 km den Luftkurort **Bruchhausen** erreichen, der auch über eine staatlich anerkannte Mineralquelle verfügt. (Hier findet die Variante über Höxter wieder Anschluß.)

Vor der Kirche in der Ortsmitte geht es in den ehemaligen

Schloßkomplex Bruchhausen, wo sich neben der sogenann-ten Bastei Reste einer alten Wasserburg von 1582, die soge-nannte Feme, ein ehemaliges Gerichtshaus um 1700 sowie das Herrenhaus von 1777 befinden. Dahinter schließt sich der Schloßpark an.

Entweder schieben wir das Fahrrad durch den Schloßpark oder wir fahren weiter durch den Ort (geradeaus weiter Richtung Beverungen bei *Gut Roggenthal* Verknüpfung mit Tour 12), um dann nach rechts dem regionalen Rad-weg HX 10 zu folgen, der im Bogen um den Schloßpark herumführt. Linkerhand befindet sich der Kurpark mit Trinkhalle. Etwas oberhalb des Weges liegt das Restau-rant-Café „Quellenhof", das von seiner Terrasse einen herrlichen Blick auf *Bruchhausen*, das Nethetal und den jenseits der *Weser* ansteigenden *Solling* bietet.

Wir folgen nun weiter dem ausgeschilderten Radweg, überqueren auf einer alten Steinbrücke die *Nethe* und erreichen den Ort **Hembsen**.

Wir radeln nach links in den Ort hinein und biegen vor der Kirche links ab, fahren an der Linkskurve am Ortsende dann aber geradeaus weiter bis **Erkeln**, wo wir nach links in den Ort hinein fahren. Nun geht es gleich wieder rechts in Richtung *Rheder*, wobei wir an der folgenden abknik-kenden Vorfahrt weiter geradeaus fahren.

Die Strecke führt nun gut ausgeschildert mit wechseln-dem Abstand zur *Nethe* nach *Brakel* hinein. Kurz nach-dem wir die Bahnlinie unterquert haben, mündet der Weg in die Straße Am Bahndamm, wo es links zum Bahnhof geht.

Wer noch Zeit und Lust für einen Stadtbummel hat, fährt stattdessen rechts und an der darauffolgenden Kreuzung links über die Ostheimer Straße ins Stadtinnere.

Tour 8

Museen und Solling – Über Schloß Corvey und Porzellanmuseum Fürstenberg in den Solling

Im Wesertal konzentrieren sich die Siedlungen und die Verkehrswege des Weserberglandes, in dessen Zentrum die beiden Kreisstädte Holzminden und Höxter liegen. Die Weser bildet hier auch die Grenze zwischen den Bundesländern Niedersachsen und Nordrhein-Westfalen.

Eingebettet ist die Weser hier im Osten vom Solling, einem Buntsandsteingebirge, und im Westen von der Brakeler Muschelkalk-Schwelle.

Von der hier breiten Weseraue geht es hinauf in den Solling, der durch vier Täler zur Weser hin geklüftet ist. Der Solling ist seit über 30 Jahren Teil des Naturparks Solling-Vogler, eines der größten zusammenhängenden Waldgebiete Norddeutschlands.

Start und Ziel: Bahnhof Holzminden mit Anschluß an IR-Netz in Altenbeken im Westen und in Kreiensen im Osten

Streckenlänge: 52 km

Verknüpfungsmöglichkeiten: im Westen in Höxter mit Tour 5, im Norden von Holzminden auf dem Weser-Fernradweg über Forst und Warbsen nach Golmbach mit Tour 4 bzw. über Polle mit Tour 3, im Osten in Neuhaus mit den Sollingtouren 9 und 10

Steigungen: nach Boffzen starker Anstieg in den Solling, insgesamt fast 400 Höhenmeter

Wegebeschaffenheit: außerhalb des Sollings asphaltierte Strecke, im Solling sehr gute Forstwege

Sehenswürdigkeiten: *Holzminden:* Tillyhaus, Severinsches Haus, Stadtmuseum, Puppen- und Spielzeugmuseum, Museumsschiff „Stör"

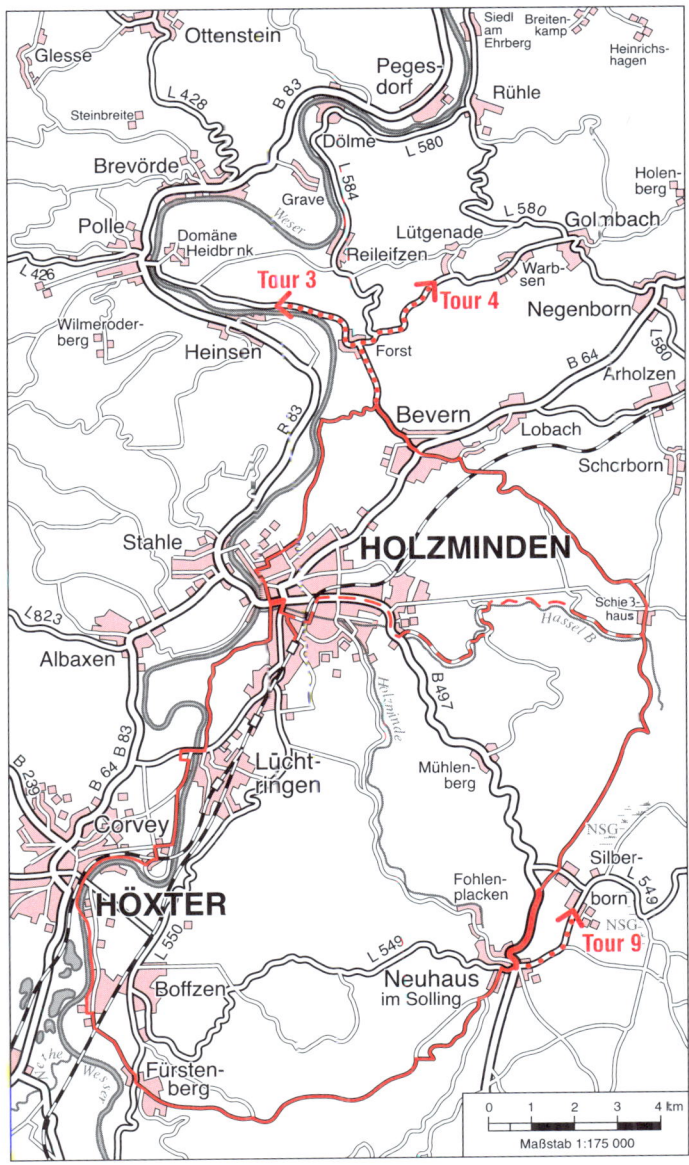

Glesse
Ottenstein
Pegesdorf
Siedl am Ehrberg
Breitenkamp
Heinrichshagen
Rühle
Steinbreite
L 428
B 83
Brevörde
Dölme
L 580
L 584
Grave
Holenberg
Weser
Polle
Domäne Heidbr nk
Lütgenade
L 580
Golmbach
L 426
Reileifzen
Tour 3
Warbsen
Tour 4
Negenborn
Wilmeroderberg
Forst
B 64
Arholzen
Heinsen
L 580
B 83
Bevern
Lobach
Scherborn
Stahle
HOLZMINDEN
L 823
Schie3haus
Hassel B.
Albaxen
B 239
B 64 B 83
Lüchtringen
B 497
Holzminde
Mühlenberg
NSG
Corvey
Silberborn
L 549
HÖXTER
Fohlenplacken
NSG
Tour 9
L 550
Boffzen
L 549
Neuhaus im Solling
che
Weser
Fürstenberg

| 0 | 1 | 2 | 3 | 4 | km |

Maßstab 1:175 000

Corvey: ehemalige Reichsabtei mit Museum, Grab von Hoffmann von Fallersleben
Höxter: Rathaus, Dechanei, zahlreiche Fachwerkhäuser im historischen Stadtkern
Boffzen: Glasmuseum
Fürstenberg: Schloß, Porzellanmuseum, zweitälteste Porzellanmanufaktur Deutschlands
Neuhaus: Jagdschloß, Wildpark mit Waldmuseum
Bevern: Weserrenaissanceschloß

Gaststätten: neben zahlreichen Gaststätten in den beiden Kreisstädten sowie im Solling-Hauptort Neuhaus in Corvey das „Schloß-Restaurant" und in Fürstenberg das „Schloßcafé Lottine"

Karten: Radwanderkarte Holzminden RC 4320 1:75 000 (Niedersächsisches Landesverwaltungsamt – Landesvermessungsamt)

Informationen: Verkehrsamt Holzminden/Neuhaus/Silberborn, Kurverwaltung Haus des Gastes, 37603 Holzminden-Neuhaus, Telefon 0 55 36 / 10 11, Telefax 0 55 36 / 13 50; Fremdenverkehrsamt Höxter, Historisches Rathaus, 37671 Höxter, Telefon 0 52 71 / 6 33 41, Telefax 0 52 71 / 6 34 35; Verkehrsamt Fürstenberg, 37699 Fürstenberg, Telefon 0 52 71 / 51 01, Telefax 0 52 71 / 4 92 74; Gemeindeverwaltung Boffzen, Heinrich-Ohm-Straße 21, 37691 Boffzen, Telefon 0 52 71 / 95 60-0

Der Weg führt uns über die Bahnhofstraße in die Innenstadt von *Holzminden*, wobei wir am Haarmannplatz links in die Obere Straße einbiegen. Wer den Altstadtbereich kennenlernen möchte, fährt gleich wieder rechts in die Oberbachstraße, biegt am Torturm links in die Fußgängerzone ein und erreicht den Marktplatz mit einigen schönen Fachwerkhäusern.

Die heutige Weserstadt **Holzminden** hat ihren Ursprung in einer dörflichen Siedlung, die nach der Gründung Corveys an einer einige Kilometer stromabwärts gelegenen Weserfurt angelegt worden war. Bereits im 12. Jahrhundert hatte sich die Siedlung zu einer Stadt entwickelt, die im Schutz einer wehrhaften Burg gelegen hat. Das Lehnsgrafengeschlecht der Eversteiner hatte bereits 1245 die schon früh gewährten Stadtrechte schriftlich bestätigt. Die Weserstadt, die über Jahrhunderte immer wieder anderen Landesherren unterstand, wurde während des Dreißigjährigen Krieges mehrmals belagert und völlig zerstört. Mitte des 18. Jahrhunderts wurde mit der Ausbeutung des Sollings (Bauholz, Sandstein) und der Ansiedlung von Fabriken die Grundlage für eine spätere wirtschaftliche Entwicklung gelegt.

1831 gründete der damalige Kreisbaumeister Friedrich Ludwig Haarmann die erste deutsche Bauschule, die noch heute als Fachhochschule einen guten Ruf genießt. Seit 1973 gehören auch die Sollingortschaften Mühlenberg, Neuhaus im Solling und Silberborn zum Stadtbereich der Kreisstadt, wobei Holzminden auch als das „Tor zum Solling" anzusehen ist.

Mit zwei weltweit führenden Unternehmen der Riech- und Geschmacksstoffindustrie kann Holzminden heute von sich sagen, daß alle Düfte dieser Welt etwas mit dieser ehemaligen Ackerbürgerstadt zu tun haben.

Sehenswert in Holzminden sind das Tillyhaus (1609) und das alte Fährhaus an der Weserbrücke, das Severinsche Haus (1683) in der Halbmondstraße, das Glockenspiel mit dem Meisterumzug der Bauschüler am Reichspräsidentenhaus sowie neben dem Stadtmuseum und dem Puppen- und Spielzeugmuseum auf der anderen Weserseite neben dem Freibad das Museumsschiff „Stör", das letzte in Hameln gebaute Fahrgastschiff.

Seit Jahrhunderten grüßt weithin sichtbar der schlanke Turm der nahe der Weser gelegenen Stadtkirche, die erst in diesem Jahrhundert den Namen „Lutherkirche" erhalten hat, die Besucher der Weserstadt, früher vor allem die Schiffer und Kaufleute. Von der ursprünglich dreischiffigen romanischen Kirche sind heute nur noch Reste der Umfassungsmauer erhalten. Gegen Ende des 16. Jahrhunderts wurde das Kirchenschiff zu einer zweischiffigen Halle mit Kreuzgratgewölbe umgewandelt. Die beiden Epitaphien aus dem 16. Jahrhundert bezeugen die jahrhundertelange Zugehörigkeit von Stadt und Kirche zum Herzogtum Braunschweig.

Vorbei an der Lutherkirche erreichen wir über die Weserstraße die Dampferanlegestelle an der Weser, radeln dann
weseraufwärts, vorbei an der Jugendherberge, auf dem
Weser-Radweg bis **Lüchtringen**, dort über die Flutbrücke
und dann weiter weseraufwärts nach *Corvey*, dessen
Türme schon von weitem zu sehen sind.

Die ehemalige **Benediktiner-Abtei Corvey** wurde durch Kaiser
Karl den Großen geplant und durch dessen Sohn, Ludwig den
Frommen, 822 errichtet. Das Kloster entwickelte sich im 9. und
10. Jahrhundert zu einer der bedeutendsten Kulturstätten im
norddeutschen Raum. Im Dreißigjährigen Krieg wurde das Kloster bis auf das Westwerk der Kirche mit den beiden Türmen
größtenteils zerstört und in seiner heutigen Gestalt um und
nach 1700 als repräsentative Anlage mit Kirche, Kloster und
Wirtschaftsgebäuden neu errichtet. Die im 12. Jahrhundert ge-
fürstete Reichsabtei wurde 1803 im Zuge der Säkularisation
aufgelöst. Ab 1820 wurde sie zum Schloß für den Landgrafen
von Hessen-Rotenburg umgestaltet. Ein Neffe erbte es 1834
als Herzog von Ratibor und Fürst von Corvey. Corvey ist noch
heute im Besitz dieser Familie.

Sehenswert ist neben der ehemaligen Abteikirche der Kaiser-
saal. Die fürstliche Bibliothek mit ihren fast 70 000 Bänden ist
eine der bedeutendsten Privatbibliotheken des späten 18. und
frühen 19. Jahrhunderts. Sie ist in das „Verzeichnis wertvollen
Kulturgutes der Bundesrepublik Deutschland" eingetragen.

In engem Zusammenhang mit dieser Bibliothek steht auch der
Name Hoffmann von Fallersleben, Dichter des Deutschlandlie-
des (Nationalhymne), der von 1860 bis zu seinem Tod 1874 hier
Bibliothekar war. Seine letzte Ruhestätte befindet sich auf dem
Corveyer Friedhof.

Im Schloß ist auch ein Museum mit reichhaltigen volkskundli-
chen, vorgeschichtlichen und naturkundlichen Sammlungen untergebracht.

Neben den jährlich stattfindenden Corveyer Musikwochen im
Mai werden auch ständig wechselnde Kunstausstellungen und
Sonderkonzerte angeboten.

Am Eingang des Schlosses lädt das „Schloßrestaurant Corvey"
mit Garten zum Verweilen ein.

Wir verlassen Corvey wieder in Richtung Weser, überqueren das Bahngleis und halten uns rechts. Dabei radeln
wir an einem ehemaligen Bahnwärterhäuschen vorbei,
das seit Jahren ein aus England stammender und in der
Region auch wegen seiner Skurrilität bekannter Maler
bewohnt, erreichen die Weser und haben die Kreisstadt
Höxter vor uns liegen.

Eine ausführliche Beschreibung von **Höxter** befindet sich bei
Tour 5.

Wir verlassen Höxter über die Weserbrücke und nehmen
gleich rechts den Weser-Radweg, der uns zunächst ins
1200 Jahre alte **Boffzen** führt, ein Ort, der seit rund 500
Jahren eng mit dem Glasmacherhandwerk verbunden ist
und auch über ein interessantes Glasmuseum in der
Bahnhofstraße verfügt (Telefon 0 52 71 / 95 60-0 oder
4 99 09).

An der Erlöserkirche (1730 bis 1737 errichtet) verlassen
wir den Weser-Radweg und folgen geradeaus der Ausschilderung nach *Fürstenberg*. Am Ortsende beginnt auf
1,4 km der erste stärkere Anstieg zum Porzellanschloß
Fürstenberg.

Bereits um 1350 erbauten die Welfen in **Fürstenberg** auf dem
Prallhang hoch über der Weser eine Burg. Nach Belagerung und
Zerstörung ließ Ende des 16. Jahrhunderts der Herzog von
Braunschweig unter Einbeziehung der mittelalterlichen Anlagen
ein Jagdschloß im Stile der Renaissance errichten. 1747 wurde
dort die Porzellanmanufaktur Fürstenberg gegründet, die zweitälteste Deutschlands, die noch heute das „Weiße Gold" produ-
ziert.

Das Schloß ist heute Museum, das neben den Sammlungen
von Museumsstücken aus drei Jahrhunderten sowie heutigen
Kollektionen auch Einblicke in die Wohnkultur vergangener Epo-
chen bietet (Telefon 0 52 71 / 4 01-0).

Im ehemaligen Kavaliershaus ist heute das „Café Lottine" untergebracht, von dessen Schloßterrassen man einen einmaligen Blick ins Wesertal genießen kann.

Wir verlassen die Porzellanmanufaktur Fürstenberg und radeln gleich gegenüber über den Krugbrink in den Ortskern.

Das Bronzepferd des 1946 in Fürstenberg verstorbenen Prof. Hussmann, den es nach dem Zweiten Weltkrieg nach hierher verschlagen hatte, wurde von seiner Witwe 1954 der Gemeinde gestiftet.

Linkerhand befindet sich in den Anlagen noch ein Gedenkstein, der an den Hofjägermeister Johann Georg von Langen (1699-1776) erinnert. Im Auftrag des Herzogs von Braunschweig-Wolfenbüttel wurde er im damaligen Weserdistrikt eingesetzt, um neue Einnahmequellen zu erschließen. Von Langen erkannte die Möglichkeit, den Holzreichtum als Rohstoff- und Energielieferant zu nutzen. Seinem weitsichtigen Wirken ist es zu verdanken, daß der Herzog neben der Errichtung von Eisen- und Glashütten sowie anderen Manufakturen auch die Porzellanmanufaktur in Fürstenberg gründete. Zudem hat sich von Langen einen Namen gemacht, gilt er doch als „Vater der regelmäßigen Forstwirtschaft", die auf Nachhaltigkeit bedacht ist.

Der Weg führt an der 1899 erbauten und der Romantik nachempfundenen Christuskirche vorbei die Neuhäuser Straße hoch. Bald erreichen wir den Waldrand, und auf Forstwegen geht es hinein in das Landschaftsschutzgebiet des Naturparks *Solling-Vogler*. Zurückblickend bietet sich ein schöner Ausblick auf das Wesertal mit *Höxter* und dahinter in der Ferne auf den *Köterberg*.

Nach einer weiteren, teilweise stark ansteigenden Strecke von 3,5 km haben wir bei der links liegenden *Vierwegehütte* den größten Teil der Steigungen hinter uns. Weiter geht es in gleicher Richtung auf der Fürstenberger Allee, die mit uralten Eichen gesäumt ist.

Nach etwa 1,5 km erinnert rechts des Weges ein 1926 aufgestellter Gedenkstein an drei ehemalige Jäger des früheren Forstamtsbezirks Fürstenberg. Wir radeln den Weg immer geradeaus und stoßen nach etwa 700 m auf eine Kreuzung, verlassen den ausgeschilderten (und ab hier sehr holprigen) Weg und biegen rechts ab, um dann nach weiteren 300 m wieder links abzubiegen, wo es dann teilweise bei starkem Gefälle nach *Neuhaus* hinuntergeht. Beim Austritt aus dem Wald folgen wir dem Weg links und halten uns an der Einmündung im Ort rechts (Richtung *Uslar*, Verknüpfung mit Tour 10 und Richtung *Silberborn* Verknüpfung mit Tour 9).

Neuhaus, der größte heilklimatische Kurort im Solling, ist das Herz des rund 500 qkm großen Naturparks Solling-Vogler, in dem über 400 Millionen Bäume stehen.

Das Kurfürstliche Jagdschloß wurde um 1790 von König Georg III. von England und Hannover für seine Jagdgesellschaften errichtet. Der ehemalige Marstall wird heute als „Haus des Gastes" genutzt.

Die Pferdezucht in Neuhaus reicht bis in die Mitte des 16. Jahrhundert zurück, und bis 1975 wurden dort auch Trakehner gezüchtet. Die auf den Bergweiden heute zu sehenden Pferde sind Hannoveraner Junghengste des Landgestüts Celle.

Sehenswert in Neuhaus ist der Wildpark, in dem heimische Wildarten wie Hirsche, Rehe, Wildschweine, Waschbären und Auerwild zu sehen sind. Angeschlossen sind dem Wildpark auch ein Waldmuseum und eine Gaststätte.

Gegenüber dem Hotel „Brauner Hirsch" erinnern zwei Grenzsteine an ein Kuriosum. Bis 1962 ging hier durch Neuhaus eine unsichtbare Grenze. Bis dahin war es eine politisch zweigeteilte Ortschaft, was auf die preußisch-braunschweigische Vergangenheit zurückging. Und so hatten die beiden Orte mit gleichem Namen zwei Bürgermeister, zwei Gemeindeverwaltungen, aber auch zwei Feuerwehren. 1962 beseitigte der Niedersächsische Landtag dieses Kuriosum – das sich bis dahin auch negativ auf die Partnerwahl ausgewirkt haben soll – durch ein eigenes Gesetz.

Wir verlassen Neuhaus auf der B 497 in Richtung *Holz-minden* und haben den letzten, stärkeren Anstieg zu bewältigen. Ein Kilometer nach dem Ortsende biegen wir rechts über den Parkplatz wieder auf einem Forstweg in den Wald ein, überqueren die Straße nach *Silberborn*, das rechts im Tal liegt, fahren an der Jugendherberge Silberborn vorbei und haben bald den höchsten Punkt der Tour, der bei fast 500 m liegt (28 m unter der höchsten Marke des Sollings), erreicht.

Bei der nächsten Gabelung halten wir uns rechts und folgen der Ausschilderung nach *Schießhaus*, wobei der Weg nach 400 m links abbiegt und es in rasanter Fahrt zum Gasthaus „Zur Waldmühle" (das voraussichtlich leider den Betrieb einstellt) hinuntergeht. Bei der Abfahrt sollte nicht zu schnell und mit ausreichenden Abständen gefahren werden, da die Fahrbahn gewölbt und teilweise viel loser Schotter vorhanden ist.

Abkürzung: Wer keine Lust mehr hat, das Weserrenaissance-schloß Bevern zu besichtigen oder wem die sicherlich nicht ganz unbeschwerliche Tour reicht, kann von hier durch das idyllische *Hasselbachtal* gleich nach *Holzminden* zurückradeln. Angemerkt werden muß aber, daß neben einem ganz kurzen Anstieg nach Schießhaus etwa die Hälfte der weiteren Strecke über Bevern bergab geht.

Wer diese Abkürzung wählt, folgt gegenüber der Gast-stätte zunächst der Ausschilderung nach *Holzminden*, verläßt kurz nach der links am Hang liegenden „Nie-manns Villa" den ausgeschilderten Weg nach rechts und fährt auf die andere Seite des *Hasselbaches*. Vorbei am „Hexenhaus" hat man bis nach Holzminden einen schö-nen Blick auf das tief unterhalb des Weges liegende Hasselbachtal.

Das **Hasselbachtal** ist eine für den Solling typische Bachauen-landschaft. Seit kurzem führt durch das Tal des Hasselbachs auch ein Gewässerlehrpfad. Fünfzehn Tafeln informieren über den Lebensraum der Hasselbachaue und seine Vernetzung mit der Umgebung sowie deren Bedeutung für Pflanzen, Tiere und Menschen.

Abteikirche Corvey

Bruchhausen mit Blick auf den Solling

Der Lakenteich im Solling

Bei der Einmündung am *Pipping* hält man sich rechts und fährt über die Sollingstraße in Richtung Innenstadt. Wer gleich zum Bahnhof möchte, radelt vor der Eisenbahnunterführung links in die Mühlenfeldstraße ein, um dann am Bahnübergang rechts in die Wilhelmstraße einzubiegen, an deren Ende es links zum Bahnhof geht.

Wer noch einen Bummel in der Innenstadt machen möchte fährt unter der Eisenbahnunterführung weiter und erreicht nach einigen hundert Metern das Zentrum.

Die Fortsetzung der Tour führt an der Gaststätte vorbei über einen kurzen kräftigen Anstieg durch das aus wenigen Häusern bestehende **Schießhaus**, das in der Jungsteinzeit ein Kreuzungspunkt frühgeschichtlicher Fernwanderwege und bereits um 4000 v. Chr. besiedelt war. Nach etwa 100 m folgen wir nach links dem ausgeschilderten Wanderweg Richtung *Bevern*, kommen durch einen hohen Fichtenwald und halten uns an Abzweigungen immer links. Wir radeln dann längs eines Tales, in dem Viehwirtschaft betrieben wird.

Wir folgen dann einem Forstweg, der leicht ansteigend nach rechts abzweigt, kommen nach einigen Kurven an einer Bundeswehreinrichtung aus dem Wald heraus und erreichen eine breite Asphaltstraße, der wir nach links folgen. Hier haben wir einen schönen Blick auf den langgestreckten *Burgberg* und sehen unter uns den Flecken *Bevern*, den wir nach einer rasanten Abfahrt erreichen. Bei der Einmündung fahren wir nach links — rechts geht es zum nahegelegenen Freibad — in den Ort hinein und erreichen nach gut 500 m das rechts liegende Rathaus, vor dem es zum Schloß geht, indem wir gleich wieder nach links in den kombinierten Rad- und Gehweg einbiegen.

Das **Weserrenaissanceschloß Bevern**, das 1603 bis 1612 im Auftrag von Statius von Münchhausen als Vierflügelanlage im Stil der Weserrenaissance erbaut wurde, zählt heute zu den vollkommensten der überlieferten großen Adelsschlösser aus dieser Zeit. In den Jahren 1667 bis 1687 erfolgte unter Herzog

Ferdinand Albrecht I. von Braunschweig die Umwandlung in ein herzogliches Jagdschloß. Eine vollständige Umgestaltung des Schloßinneren wurde 1832 durch Kreisbaumeister Friedrich Ludwig Haarmann durchgeführt. Danach gab es verschiedene Nutzungen, darunter als Erziehungsanstalt. War es vor dem 2. Weltkrieg Standort eines Pionierbataillons, wurde es danach als Durchgangslager genutzt.

Nachdem es dann vom Flecken Bevern erworben und genutzt wurde, erfolgt seit 1984 durch den Landkreis Holzminden der Ausbau zu einem regionalen Kulturzentrum mit einem anspruchsvollen Veranstaltungsprogramm wie Konzerten und Ausstellungen. Neben einem Heimatmuseum beherbergt das Schloß seit jüngster Zeit auch die Kreisarchäologie und das Kulturamt des Landkreises.

Wir verlassen das Schloß, biegen an der Ampel links ab, um gleich wieder vor der 1893 eingeweihten Johannis-Kirche rechts in Richtung *Bodenwerder* abzubiegen. Vorbei an einigen schönen Fachwerkhäusern und idyllischen Ecken verlassen wir Bevern, um nach etwa einem halben Kilometer – vor der Rechtskurve – nach links in einen Wirtschaftsweg einzubiegen. Es geht nach Überquerung des *Beverbaches* links, kurz darauf rechts, an der Gabelung wieder links und dann gleich wieder rechts, wobei ein weiß-rot gestrichener Hochspannungsmast ein guter Orientierungspunkt ist, an dem es nach links auf den *Forster Damm* geht (weserabwärts über *Polle* Verknüpfung mit Tour 3 oder von *Forst* über *Warbsen* in *Golmbach* mit Tour 4).

Wir folgen dem gut ausgeschilderten Weser-Radweg, bald auch wieder Teil der Euro-Route R 1, bis an die Weser in *Holzminden*. Wer in die Altstadt will, radelt vor der Weserbrücke die *Weserstraße* zum Marktplatz hoch, wer gleich zum Bahnhof will, unterquert die Weserbrücke und biegt vor der Jugendherberge links ab, fährt geradeaus weiter über die Straße Hafendamm, biegt an der Einmündung rechts ab und gleich wieder links in die Bahnhofstraße zum Bahnhof.

Tour 9

Durch die Wälder des Sollings – Durchs „Tal der Lieder" zum Hochmoor Mecklenbruch

Die Stadt Dassel ist eines der „östlichen Tore" zum Naturpark Solling-Vogler und gehört zum niedersächsischen Landkreis Northeim. Die Verbindungsstraße nach Neuhaus im Solling führt über die höchste Erhebung des Sollings, die Große Blöße (528 m). Von Dassel aus steigt der über seine gesamte Ausdehnung flach gewölbte Solling, der über keine herausragenden Kuppen verfügt, allmählich an. Durch einen Bruch des Buntsandsteins entstand unter anderem in südöstlicher Richtung ein breiter Graben, der im Norden bis Merxhausen führt. In diesem Graben liegt das idyllische Hellental und darüber das Hochmoor Mecklenbruch.

Die Tour folgt diesem Graben bis Silberborn, um dann in östlicher Richtung den gesamten Nordsolling zu durchqueren. Vom östlichen Sollingrand bieten sich schöne Ausblicke auf einige kleinere Höhenzüge, hinter denen es ins Leinetal geht.

Start und Ziel: Rathaus Dassel

Streckenlänge: 41 km

Verknüpfungsmöglichkeiten: im Westen über Neuhaus mit Tour 8 und 10, im Norden über Heinade und Braak nach Stadtoldendorf mit Tour 4 und im Süden vom Lakenteich nach Uslar nochmals mit Tour 10

Steigungen: nennenswerte Steigung durchs Hellental bis Silberborn, einige kürzere Steigungen

Wegebeschaffenheit: großteils asphaltiert und gut befahrbare Forstwege

Sehenswürdigkeiten: *Dassel:* Laurentiuskirche, Historisches Technikmuseum

Silberborn: Hochmoor Mecklenbruch, Aussichtsturm Hochsolling

Gaststätten: gutes Angebot an Gaststätten und Café's in Silberborn, „Waldgasthof" in Abbecke

Karten: Radwanderkarte RC 4320 Holzminden, 1:75 000 (Niedersächsisches Landesvermessungsamt)

Informationen: Fremdenverkehrsverein Dassel e. V., Südstraße 1, 37586 Dassel, Telefon 0 55 64 / 5 01; Kurverwaltung Neuhaus im Solling und Silberborn, Haus des Gastes, 37603 Holzminden, Telefon 0 55 36 / 10 11, Telefax 0 55 36 / 13 50

Die Stadt **Dassel** ist zusammen mit weiteren 15 zum heutigen Stadtgebiet gehörenden Ortschaften der Mittelpunkt der alten Grafschaft Dassel und wurde im 9. Jahrhundert bereits in Corveyer Überlieferungen genannt. Die urkundliche Erwähnung der Grafen von Dassel liegt um 1100. Der letzte Graf von Dassel verkaufte den Rest der Grafschaft 1310 an den Bischof von Hildesheim und verzichtete künftig auf den Grafentitel. Die bestehende Exklave – außerhalb der bischöflichen Kernlande gelegen – bedurfte zur besseren militärischen Sicherung der Errichtung einer Wehranlage, was 1325 mit der Verleihung der Stadtrechte verbunden war. Nach der Zerstörung der Stadt in der Stiftsfehde (1519) und der vorübergehenden Bildung des Amtes Eichberg, kam die ehemalige Grafschaft bis 1802 wieder zum geistlichen Fürstentum Hildesheim.

Die politische Isolierung und die abseitige Lage ließen Dassel nicht aus der Situation eines bäuerlich geprägten Gemeinwesens herauswachsen. Erst die rasche Industrialisierung in der zweiten Hälfte des 19. Jahrhunderts führte zur Gründung von Sägewerken, einer Molkerei und einer Zementfabrik sowie im Jahre 1883 zum Anschluß an die Ilmebahn.

Sehenswert sind die Freskenmalereien der St.-Laurentius-Kirche aus Spätgotik und Renaissance sowie das Historische Technikmuseum, das in einer über acht Generationen geführten Blankschmiede untergebracht ist (Telefon 0 55 64 / 2 02 36 oder 27 21).

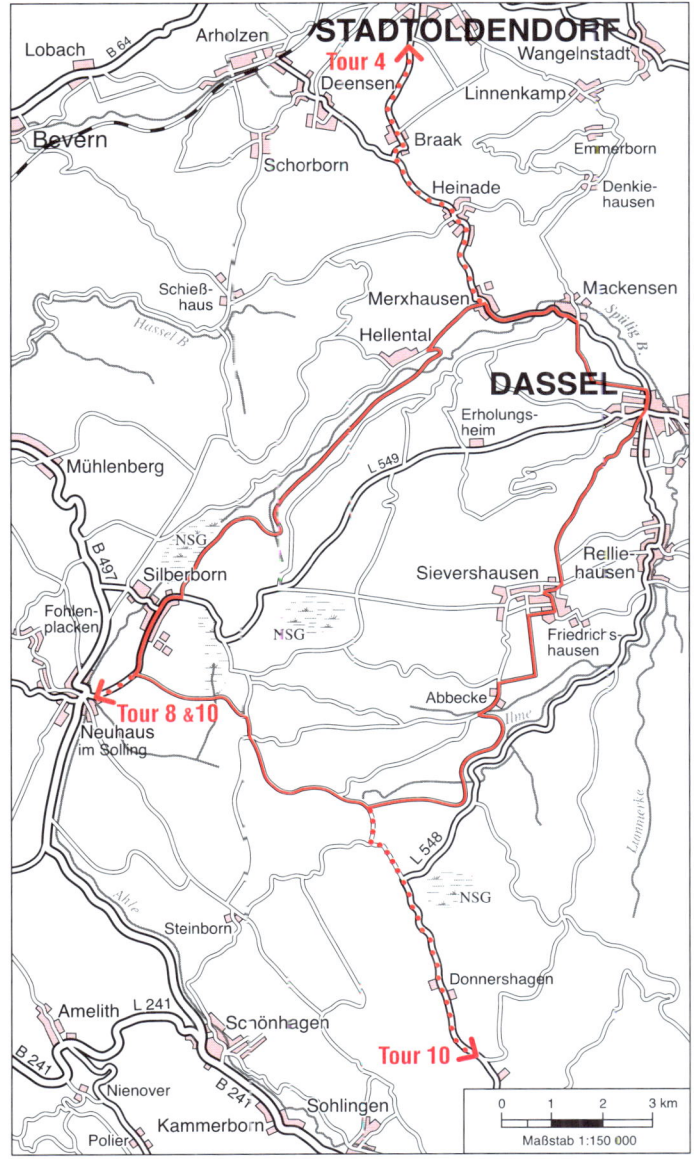

Tour 4

Tour 8 &10

Tour 10

STADTOLDENDORF
Lobach
Arholzen
Wangelnstadt
Deensen
Linnenkamp
Bevern
Braak
Schorborn
Emmerborn
Heinade
Denkie-
hausen
Schieß-
haus
Merxhausen
Mackensen
Hellental
DASSEL
Erholungs-
heim
Mühlenberg
L 549
NSG
Rellie-
hausen
Silberborn
Sievershausen
Fohlen-
placken
NSG
Friedrichs-
hausen
Neuhaus
im Solling
Abbecke
L 548
NSG
Steinborn
Amelith
L 241
Donnershagen
Schönhagen
Nienover
Sohlingen
Kammerborn
Polier

| 0 | 1 | 2 | 3 km |

Maßstab 1:150 000

95

Wir fahren am Rathaus rechts durch das kleine Steintor bis zur Oberen Straße, biegen dort links ein und gleich wieder rechts in die Mackenser Straße in Richtung *Bodenwerder*. Wo es am Ortsende rechts zum beheizten Freibad geht, biegen wir nach links in den Alten Teichweg ein, um nach etwa 700 m den nach rechts abzweigenden Schotterweg zu befahren, der uns nach **Mackensen** führt. Wir biegen nach links in den Ort (Gedenkstein für den preußischen Generalfeldmarschall von Mackensen) und folgen der durch ein Tal führenden Landstraße bis nach **Merxhausen** (geradeaus weiter über *Heinade* und *Braak* nach *Stadtoldendorf* Verknüpfung mit Tour 4).

In der Ortsmitte geht es nach links auf die mit großen Linden gesäumte Straße Richtung *Hellental*, ein idyllisches Wiesental mit gleichnamiger Ortschaft, wo auch wieder der Naturpark *Solling-Vogler* beginnt.

Das 1990 unter Naturschutz gestellte *Hellental*, dessen landschaftliche Reize bereits Hermann Löns pries, der es „Das Tal der Lieder" taufte, ist ein besonders schönes und abwechslungsreiches Wiesental, das auf seinen unterschiedlichen Standorten vielen verschiedenen Pflanzen- und Tierarten Lebensraum bietet. Geprägt ist es in seinem heutigen Erscheinungsbild durch menschliche Arbeit. Seit dem Mittelalter wurden die Erlenauwälder allmählich für Weidezwecke verdrängt. Mit dem Rückgang der Landwirtschaft folgten Weihnachtsbaumkulturen und Fichtenaufforstungen, die nun allmählich wieder beseitigt werden sollen, damit das vielfältige Mosaik der Wiesenpflanzen und daran gebundener Tiere dauerhaft erhalten bleibt.

Bereits vor dem gleichnamigen Erholungsort **Hellental**, der im 18. Jahrhundert durch die Errichtung einer Glashütte entstanden ist und später eine Waldarbeitersiedlung war, biegen wir nach links in die geschotterte Forststraße ein, die nach kurzem Anstieg nach rechts parallel zum Hellental weitergeht. Nach etwa 1200 m befindet sich unterhalb des Weges eine Schutzhütte mit der in der Nähe stehenden Lönsbuche, von wo man einen schönen Blick auf den unter uns liegenden Ort *Hellental* und die gegenüberliegenden Höhenzüge hat.

Zunächst erfolgt ein sanfter Anstieg, der dann allmählich etwas steiler wird, wobei auf einer Strecke von etwa 5 km rund 180 m Höhendifferenz zu überwinden sind. Kurz nach der *Mittelberghütte*, die zu einer kleinen Verschnaufpause einlädt, ist dann die Höhe erreicht, und auf ebener Strecke geht es bis zum

Hochmoor Mecklenbruch, das bereits seit 1939 unter Naturschutz steht. Es handelt sich um eine etwa 63 Hektar große Fläche, die mit Birkenbruchwäldern und niedriger Moosvegetation bewachsen ist.

Nachdem durch die Wanderglashütten des Sollings Ende des 18. Jahrhunderts allmählich die Holzvorräte erschöpft waren, wurde als Ersatzbrennstoff mit dem Abbau des Torfs begonnen.

Damit das empfindliche Moor, das Anfang der 80er Jahre renaturiert wurde, weiterhin von Wanderern besucht werden kann, wurden ein Holzsteg und ein Aussichtsturm gebaut. Informationstafeln liefern zudem viele interessante Einblicke in den Lebensraum Moor.

Wir verlassen das Moor wieder und erreichen nach etwa einem Kilometer nach rechts den

staatlich anerkannten Luftkurort **Silberborn**, dessen Ursprung auf eine Glashütte zurückgeht. Der höchstgelegene Ort des Sollings, eine ehemalige Waldarbeitersiedlung, verfügt demnach auch über die höchstgelegene Kirche im Solling, die 1860 fertiggestellt war und Nachfolgerin einer 1771 erbauten Kapelle ist. Sehenswert neben den Buntglasfenstern im Altarraum sind die beiden Ölgemälde aus der Barockzeit und der aus Uslar stammende Taufstein aus dem Jahr 1783.

Wir durchfahren den Ort, vorbei an den Kuranlagen, und erreichen etwa 700 m nach dem Ortsende den links liegenden Parkplatz „Hackelbergstein".

Von hier bietet sich ein **Abstecher** nach Neuhaus (Beschreibung Tour 8; Verknüpfung mit Tour 8 und 10) an, wobei allerdings ein kleiner „Höhenverlust" in Kauf genommen werden muß.

Der am Parkplatz befindliche, rund einen Meter hohe Sandstein-
block erinnert an die Hackelbergsage, die von einem Oberjäger
handelt, der wegen eines Fluches in seinem Waldesgrab keine
Ruhe finden kann und jedes Jahr zur Jagdzeit als wilder Reiter
mit seiner Jagdmeute durch den Solling zieht.

Vom Parkplatz geht es auf einem kurzen, aber kräftigen
Anstieg zum 33 m hohen Aussichtsturm Hochsolling, von
wo aus man mit einem wunderbaren Überblick weit über
den Solling hinaus belohnt wird. Von dort geht es dann
auf der ansteigenden Forststraße weiter, wo bald die
Höhe des *Moosberges* erreicht ist.

Immer geradeaus weiter erreichen wir eine Asphaltstraße,
die uns immer abschüssig bis zum *Lakenteich* führt, der
sich als idyllischer Rastplatz anbietet. (Geradeaus weiter
nach Uslar Verknüpfung mit Tour 10.)

Am Ende des Teiches folgen wir nach links der geschot-
terten Forststraße, die uns auf gut 2 km durch ein Tal –
vorbei am Bartram-Denkstein, der an einen dort 1904
tödlich verunglückten Förster erinnert – bis zu einer Kreisstraße führt, der wir nach links folgen.

Nach 200 m verlassen wir die Straße und folgen nach links
der Wegweisung *Sievershausen-Ortsteil Abbecke*. Hier
haben wir auf einer Länge von 1,3 km einen letzten Anstieg zu überwinden, der uns dann nach **Abbecke** hinun-
terführt. Im dortigen Waldgasthof mit kleinem Biergarten
stehen auch immer Wildgerichte auf der Speisekarte.

Am Ortsende biegt nach rechts ein ausgeschilderter Radweg ab. Kurz bevor wir die ersten Häuser erreichen,
biegen wir nach rechts in den Ort **Sievershausen** ab und
halten uns an der ersten Querstraße links. Wo diese
Straße in eine Linkskurve übergeht, radeln wir geradeaus
durch die kleine Mühlenstraße weiter und erreichen die
Ortsdurchfahrt, der wir nach rechts bis nach *Dassel* folgen. Bei der Einmündung biegen wir links ab und folgen
an der nächsten Querstraße nach rechts der Ausschilderung Rathaus/Verkehrsbüro.

Tour 10

Südlicher Solling – Vom Uslaer Land in den Solling und an die Weser

Das Uslaer Land liegt an der Südspitze des Naturparks „Solling", südlich vom Bramwald und östlich vom Leinebergland begrenzt. Die Region mit ihren vierzehn Ortschaften ist heute vom Tourismus geprägt, wobei einige touristische Attraktionen wie ein Kali-Bergbaumuseum oder das Abbrennen des landschaftstypischen Holzkohlemeilers an die früheren Erwerbsmöglichkeiten der Bevölkerung erinnern. Namensgeber der Ferienregion ist die Fachwerkstadt Uslar, die in einem breiten Talkessel gebettet liegt.

Der südliche Teil des Naturparks Solling-Vogler reicht bis an das Hessische Weserbergland bei Lippoldsberg an der Weser heran.

Der Bereich liegt an der „Deutschen Märchenstraße", an der „Straße der Weserrenaissance" sowie der „Frau-Holle-Route".

Die Tour führt längs eines Tales bis in den Hauptort des Sollings, dann durch den südlichen Solling an die Weser und durch ein Seitental ins Uslaer Becken zurück.

Start und Ziel: Bahnhof Uslar mit Anschluß an IR-Netz in Altenbeken im Westen und in Northeim im Osten

Streckenlänge: 52 km

Verknüpfungsmöglichkeiten: in Neuhaus mit Touren 8 und 9, im Westen von Winnefeld nach Bad Karlshafen mit Tour 12, im Süden von Lippoldsberg über den Weser-Fernradweg weseraufwärts mit Tour 14 und im Osten von Uslar über Eschershausen und Lakenteich mit Tour 9

Steigungen: ein längerer kräftiger Anstieg in den Solling, mehrere leichte bis mittlere Steigungen – insgesamt 350 Höhenmeter

Wegebeschaffenheit: überwiegend Asphalt, durch den Solling gut befahrbare Waldwege, kurze Strecken auf verkehrsarmen Landstraßen

Sehenswürdigkeiten: *Uslar:* Altstadt mit Fachwerkhäusern, Schmetterlingspark
Neuhaus: Jagdschloß, Wildpark mit Waldmuseum
Nienover: Jagdschloß, Mühlenmuseum
Lippoldsberg: Benediktinerinnenkloster

Gaststätten: gutes Angebot in Uslar und Neuhaus im Solling, Café „Weserblick" in Bodenfelde und Gaststätten in Lippoldsberg

Karten: ADFC-Radtourenkarte Nr. 12 „Harz/Leinetal", 1:150 000 (Bielefelder Verlagsanstalt); Radwanderkarte RC 4320 Holzminden 1:75 000 (Niedersächsisches Landesverwaltungsamt – Landesvermessung)

Informationen: Ferienregion Uslaer Land – Touristik-Information, Altes Rathaus, 37170 Uslar, Telefon 0 55 71 / 50 51, Telefax 0 55 71 / 62 95; Verkehrsamt Wahlsburg (für Lippoldsberg und Vernawahlshausen), 37194 Wahlsburg, Am Mühlbach 15, Telefon 0 55 72 /10 77

Wir fahren vom relativ weit außerhalb der Innenstadt liegenden Bahnhof zunächst in die Altstadt von *Uslar*, die wir über die B 241 erreichen.

Das Bild der historischen Fachwerkstadt **Uslar**, auch das „Tor zum Solling" genannt, wird in der Altstadt geprägt von Fachwerkfassaden aus dem 15. und 16. Jahrhundert. Die älteste schriftliche Erwähnung dieser historischen Kleinstadt liegt um das Jahr 1006. Im 13. Jahrhundert wird eine Burg bei Uslar erwähnt. Aber bereits in der zweiten Hälfte des 13. Jahrhunderts wurden die Herren von Uslar von den Braunschweiger Herzögen verdrängt, und im 15. und 16. Jahrhundert war die Stadt zeitweilig deren Residenz. Ab 1559 läßt Erich II. von Braunschweig in Uslar im Stil der Weserrenaissance eine Schloßanlage errichten, die bei einem Brand 1612 weitestgehend zerstört wurde.

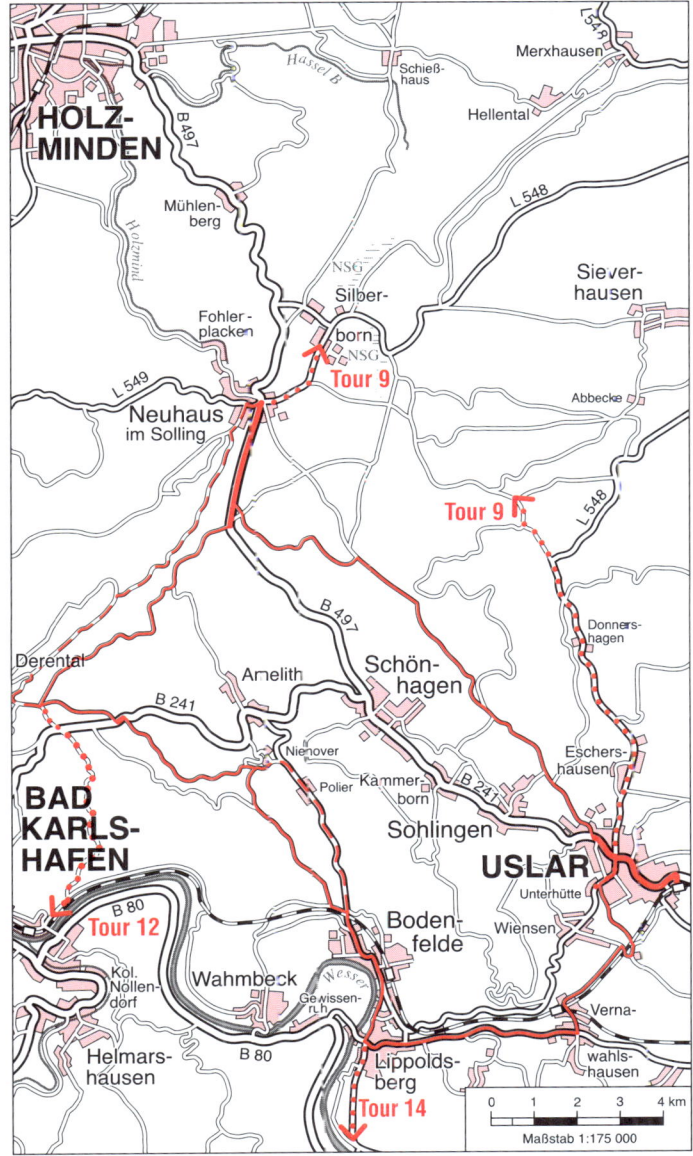

HOLZ-MINDEN

Merxhausen

Schieß-haus

Hellental

B 497

L 548

Mühlen-berg

Sieverhausen

NSG

Silber-born

Fohler-placken

Abbecke

L 549

born
NSG
Tour 9

Neuhaus
im Solling

Tour 9

L 548

B 497

Donners-hagen

Derental

Amelith

Schön-hagen

B 241

Nienover

Eschers-hausen

Polier

Kämmer-born

B 241

Sohlingen

USLAR

**BAD
KARLS-
HAFEN**

Unterhütte

Wiensen

Boden-felde

Tour 12

B 80

Kol.
Nöllen-dorf

Wahmbeck

Wesser

Gewissen-ruh

Verna-

wahls-hausen

Helmars-hausen

B 80

Lippolds-berg

Tour 14

0   1   2   3   4 km

Maßstab 1:175 000

101

Zentraler Blickfang ist heute das historische Rathaus von 1476, das von einem kupfernen Uhrturm gekrönt wird. Sehenswerte Ziele sind die St. Johanniskirche mit ihrem gotischen Chor von 1428 oder die Parkanlage mit Schloßruine Freudenthal.

Ausgewählte Aspekte der Geschichte Uslars und der Solling-Region werden im Museum Uslar (Telefon 0 55 71 / 30 71 42) in zwei miteinander verbundenen Fachwerkhäusern (am Mühlentor 4) aus dem 17. und 18. Jahrhundert präsentiert.

Auf dem Weg in den Solling liegt neben dem Uslaer Badeland mit Riesenrutsche ein sehenswerter Schmetterlingspark, in dem Besucher in üppigster Vegetation alle Stadien der Schmetterlinge aus nächster Nähe betrachten können.

Rechts vorbei am historischen Rathaus gelangen wir dann über die Mühlenstraße an die Wiesenstraße, der wir rechts bis zur Durchgangsstraße B 241 folgen. An der Einmündung biegen wir links ab, um gleich wieder rechts in den Försterweg abzubiegen, dem wir dann – vorbei am Schmetterlingspark und dem Uslaer Badeland – immer weiter folgen. Rechts auf der Anhöhe ist bereits der Sollingturm zu sehen, und links geht der Blick in das Ahletal mit seinen Dörfern. Die erste Steigung haben wir nach einem knappen Kilometer an der „Waldschenke" (an Wochenenden geöffnet) hinter uns.

Von dort führt ein Steilaufstieg (ca. 900 m) zum 444 m hohen Strutberg, auf dem sich der 36 m hohe Sollingturm befindet, mit einem herrlichen Ausblick, der den Abstecher zu Fuß lohnt.

Nun geht es auf einem Forstweg in den Solling hinein, der bis Neuhaus durchgehend als Radwanderweg ausgeschildert ist, und wir erreichen das **Forsthaus Steinborn**. Hier kommt nun das schwierigste Stück der Tour. Nach gut einem Kilometer biegt der Radweg nach links ab und nach einigen hundert Metern geht es dann wieder bergab, bis wir die B 497 erreichen, die rechts nach *Neuhaus* führt.

Auf der anderen Straßenseite lohnt ein kleiner Spaziergang zur **Ahlequelle**, wo man sich unter schattenspendenden Nadelbäumen an einem mächtigen Quelltopf erfrischen kann.

Auf der B 497 geht es dann noch 1,3 km bis zum **Wildpark mit Waldmuseum** und Gaststätte. Im 1962 von der Niedersächsischen Forstverwaltung errichteten Wildpark Neuhaus kann der Besucher auf rund 50 Hektar heimische und einheimisch gewordene Wildarten beobachten. 1974 wurde der Wildpark um ein Waldmuseum erweitert, das 1991 unter Berücksichtigung neuer ökologischer Erkenntnisse eine zeitgemäße Neugestaltung erfuhr.

Bis zum touristischen Mittelpunkt des Sollings, dem heilklimatischen Kurort **Neuhaus** (Verknüpfung mit Tour 8 und Tour 9), dessen ehemaliges Jagdschloß mit Marstall an kurfürstliche Zeiten erinnert, sind es noch einmal rund 800 m. (Weitere Informationen über Neuhaus bei Tour 8.)

In Neuhaus besteht die Möglichkeit, entweder wieder ein Stück auf der B 497 zurückzufahren und dann über eine asphaltierte Forststraße mit sehr geringem Verkehrsaufkommen durch den Wald bis zum Forstamt Winnefeld zu radeln, oder eine Parallelstrecke zu wählen, die abseits vom Verkehr, aber teilweise über Schotterwege, durch ein ruhiges Wiesental führt. Beide Strecken unterscheiden sich kaum, was die Steigungen anbelangt.

Wer es lieber asphaltiert will, radelt von *Neuhaus* auf der B 497 wieder zurück, um dann kurz nach der *Ahlequelle* nach rechts die Nebenstrecke in Richtung *Bad Karlshafen/Derental* zu benutzen. Nach einem längeren Anstieg erreichen wir den höchsten Punkt der Tour (400 m; höchster Punkt des Sollings 528 m), dem aber bald wieder eine Talfahrt folgt. Wir erreichen eine Kreuzung, wo es rechts nach *Derental* geht und links zum *Forstamt Winnefeld*. (Geradeaus weiter nach *Bad Karlshafen* und dort Verknüpfung mit Tour 12; dabei die B 241 überqueren und gegenüber dem Forstweg folgen, der bis Bad Karlshafen ausgeschildert ist.) Wer die Variante gewählt hat, stößt hier wieder auf die Strecke, wobei es geradeaus am **Forstamt Winnefeld** vorbei weitergeht.

Variante: Wer die Variante wählt, biegt in der Ortsmitte von Neuhaus an der Kreuzung nach links Richtung *Höxter* ab, um dann nach gut 100 m links in die Derentaler Straße einzubiegen und dann immer geradeaus weiterzuradeln und der Ausschilderung nach Derental zu folgen. Längs des Waldrandes steigt der Forstweg dann auf gut einem halben Kilometer an und zweigt vor einer Schutzhütte links ab, um dann durch ein schönes Wiesental zu führen, das ausschließlich der Viehwirtschaft dient. Die letzten beiden Kilometer geht es stark abschüssig auf asphaltiertem Wirtschaftsweg bis zur Einmündung in eine Kreisstraße, der wir nach links folgen. Hier haben wir auf gut einem halben Kilometer noch eine kräftige Steigung zu überwinden, um dann den Kreuzungsbereich zu erreichen, wo von links die andere Streckenführung einmündet und es geradeaus weiter geht.

Auf ausgeschildertem Wirtschaftsweg geht es durch Wiesen und dann Fichtenwald nach Überquerung der B 241 ins *Reiherbachtal*. Immer leicht abschüssig führt der Weg durch das idyllische Tal, bis wir kurz vor **Nienover** am letzten mehrerer Fischteiche einen großzügig gestalteten Rastplatz mit Schutzhütte und Kinderspielplatz erreichen.

Am Ende des Teiches gabelt sich der Weg und führt links zum **Schloß Nienover**, das auf einer kleinen Anhöhe liegt und erstmals 1144 urkundliche Erwähnung findet. Auffälligstes Merkmal dieser Burg sind die außergewöhnlich hohen Fundamentmauern, auf denen die Burg in Hufeisenform errichtet wurde. Zeitweise zweite Hauptburg der Dasseler Grafen, ging sie Anfang des 14. Jahrhunderts in welfischen Besitz über. Während des Dreißigjährigen Krieges mehrfach geplündert und zerstört, erfolgte bald darauf der Wiederaufbau als Jagdschloß und Sommerresidenz. Heute wird das Sollingschloß, das sich in Landesbesitz befindet, von der Forstlichen Fakultät der Georg-August-Universität Göttingen als Außenstelle genutzt. Neben Forschungsaufgaben dient das ehemalige Schloß der Ausbildung von Studenten und dem wissenschaftlichen Erfahrungsaustausch. Zudem werden sporadisch auch Schloßkonzerte und Ausstellungen durchgeführt.

Am Fuße des Burgbergs steht noch die ehemalige Zehntscheune aus dem 18. Jahrhundert, die heute Feriengästen als
Pension dient. In der Nähe befindet sich auch die ehemalige
Amtsmühle aus dem Jahre 1724, die als kleines Mühlermuseum
an Dienstagen besichtigt werden kann (Gruppen nach Anmel-
dung, Telefon 0 55 72 / 5 39).

Wer nun einen weiteren kurzen Anstieg scheut oder bei
schlechteren Witterungsverhältnissen unterwegs ist,
sollte nun bis zur L 551 weiterfahren, die rechts ab nach
Bodenfelde führt.

Wer lieber auf Forstwegen weiterfährt, radelt etwa 500 m
zurück und folgt dem links abbiegenden Weg nach *Bodenfelde*, der allerdings über eine Anhöhe führt, wobei
das letzte Stück der Abfahrt leider etwas schlechter zu
befahren ist. Wir folgen weiter der Ausschilderung und
erreichen linkerhand die L 551, die dann rechts über den
Bahnübergang nach **Bodenfelde** führt.

Im Ortskern, wo die Durchgangsstraße nach links abknickt, radeln wir vor einem Fachwerkhaus, dessen Gefa-
che mit roten Ziegeln ausgemauert sind, auf einer schmalen Straße Richtung *Weser*. Hier stoßen wir beim Café
„Weserblick" auf den ausgeschilderten Weser-Radweg,
dem wir nach links flußaufwärts bis *Lippoldsberg* folgen.
Über die alte Steinbrücke von 1695 biegen wir rechts in
die Mühlenstraße ein (geradeaus weiter über den Weser-
Fernradweg weseraufwärts in Hemeln Verknüpfung mit
Tour 14), wo es nach wenigen Metern links auf einem
schmalen Kopfsteinpflasterweg direkt zum Eingang des
Klosterbereichs hochgeht.

Der staatlich anerkannte Luftkurort **Lippoldsberg** wurde von
Erzbischof Luitpold von Mainz um 1055 und das Benediktinerinnenkloster von seinem Nachfolger Ruthard um 1093 gegründet.
Im Westflügel der mehrmals umgebauten Klosteranlage befinden sich noch Reste des romanischen Kreuzgangs. Die in der
Mitte des 12. Jahrhunderts errichtete Klosterkirche St. Georg,
eine dreischiffige Gewölbebasilika mit Querhaus und Chor, zählt
zu den besterhaltenen romanischen Kirchen Deutschlands.

Ein ausgeschilderter historischer Rundgang durch den hüb-
schen Fachwerkort, der fast an ein Museumsdorf erinnert, führt
auch am „Museum und Werkstatt im Schäferhaus" (Telefon
0 55 72 /16 34 oder 73 60) sowie an einem wiederaufgebauten
Backhaus vorbei.

Wir verlassen den Ort vorbei am Museum, biegen rechts
in die Bergstraße ein und folgen an der Einmündung nach
links der Wegweisung **Vernawahlshausen**, das wir nach
etwa vier Kilometern erreichen. In der Ortsmitte biegen
wir links ab in Richtung *Uslar*, durchqueren das *Schwül-
metal*, folgen aber nach der zweiten Eisenbahnunterführung dem rechts abbiegenden, ausgeschilderten Radwanderweg, der neben einem kurzen holprigen Teilstück
über den letzten Anstieg parallel der Eisenbahn führt. Bei
der nächsten Straßeneinmündung biegen wir rechts ab
und unterqueren die Eisenbahn, biegen kurz darauf beim
Gut Steimke gleich wieder links ab, unterqueren einen
Eisenbahnviadukt und erreichen nach gut einem Kilometer die Stadtgrenze von *Uslar*. Dort biegen wir rechts ab,
unterqueren nochmals die Eisenbahn, und folgen der
Ausschilderung *Northeim*, wobei es links in die Altstadt
geht oder geradeaus weiter wieder zum Bahnhof.

Weserrenaissanceschloß Bevern

Hochmoor Mecklenbruch bei Silberborn

Der Desenberg bei Warburg

Tour 11

Durch die Warburger Börde – Um den Desenberg bis an den Südrand der Egge

Der Kreis Höxter reicht im Westen an den sich hier steil auftürmenden Kamm der Egge – Teil des Naturparks Teutoburger Wald – heran, die nicht nur die Wasserscheide zwischen Rhein und Weser, sondern auch eine Wetterscheide darstellt. Westlich der Egge schließt sich eine der fruchtbaren Mulden des westlichen Kreisgebietes an geologisch gesehen die Borgentreicher Mulde, kulturlandschaftlich als Warburger Börde bezeichnet. Begrenzt wird sie im Norden von der Brakeler Platte und im Süden und Osten von der Diemel. Die flachwellige Landschaft wird durch aufragende Basaltspitzen oder Basaltkuppen unterbrochen. Die geringen Niederschläge und der gute Lößboden sorgen für gute landwirtschaftliche Voraussetzungen.

Ausgangspunkt durch die Warburger Börde ist die fast tausendjährige romantische Stadt Warburg, die oberhalb der Diemelaue eines der schönsten Panoramen westfälischer Städte bietet.

Start und Ziel: Bahnhof Warburg an der IR-Strecke mit Anschluß an Kassel im Süden und Rhein-Ruhrgebiet im Westen

Streckenlänge: 44 km (mit Abstecher nach Willebadessen 56 km)

Verknüpfungsmöglichkeiten: im Norden von Niese über Siddessen und Riesel nach Brakel mit Tour 7 (Kreisradweg in Planung) und von Willebadessen über den Kreisradweg R 6/R 2 nach Bad Driburg mit Tour 6, im Osten von Borgentreich über den Kreisradweg R 6 nach Manrode mit Tour 12 und im Süden in Warburg mit Tour 13

Steigungen: mehrere kurze und teilweise kräftige Steigungen

Wegebeschaffenheit: die Strecke ist durchwegs asphaltiert

Sehenswürdigkeiten: *Warburg:* Altstadt, Museum zum Stern, Burganlage
Borgentreich: Orgelmuseum
Schweckhausen: Wasserschloß
Peckelsheim: Trinitatiskirche
Willebadessen: ehem. Benediktinerinnenkloster

Gaststätten: In Warburg gibt es ein ausreichendes Angebot an Gaststätten; in den anderen Städten und Orten unterwegs sind die Landgasthöfe teilweise tagsüber geschlossen

Karten: Freizeitkarte des Kreises Höxter 1:50 000, Ausgabe 1994 (Landesvermessungsamt NRW)

Informationen: Fremdenverkehrsamt „Corveyer Land", Bismarckstraße 9, 37671 Höxter, Telefon 0 52 71 / 6 14 05; Fremdenverkehrsverband „Warburg-Südegge", Zwischen den Städten, 34414 Warburg, Telefon 0 56 41 / 9 25 55, Telefax 0 56 41 / 9 25 82; Stadt Borgentreich, Am Rathaus 13, 34434 Borgentreich, Telefon 0 56 43 / 8 09 46, Telefax 0 56 43 / 8 09 90

Auf eine fast tausendjährige Geschichte kann das westfälische **Warburg** zurückblicken. Auf dem „Wartberg" saßen Anfang des 11. Jahrhunderts Grafen, deren Besitz wegen fehlender Erben 1020 an das Bistum Paderborn fiel. Zu Füßen der Burg entwickelte sich die Siedlung Warburg, die später auch zur Stadt erhoben wurde. Um sich gegen Fehden besser verteidigen zu können, gründeten die Bürger oberhalb der Altstadt eine Neustadt und umgaben sich mit einer festen Mauer. Im Jahre 1281 errichteten die Dominikaner am Südhang auf großen Stützmauern ein Kloster. Nachdem beide Städte Warburg 1364 dem Hansebund beigetreten waren, verbunden mit einer wirtschaftlichen Blüte, vereinigten sich 1436 beide Städte zu einer einrätigen Stadt. Das bei der Vereinigung beschlossene gemeinsame Rathaus wurde allerdings erst 1585 erbaut.

Dieser Zeit der Wohlhabenheit der Bürger und Zünfte hat die Stadt eine Vielzahl von kunstvoll verzierten und mit Schnitzwerk geschmückten Fachwerkhäusern und imposanten Steinbauten zu verdanken, die Warburg auch heute noch ihren Reiz verleihen. Erhalten sind von der früheren Stadtbefestigung neben

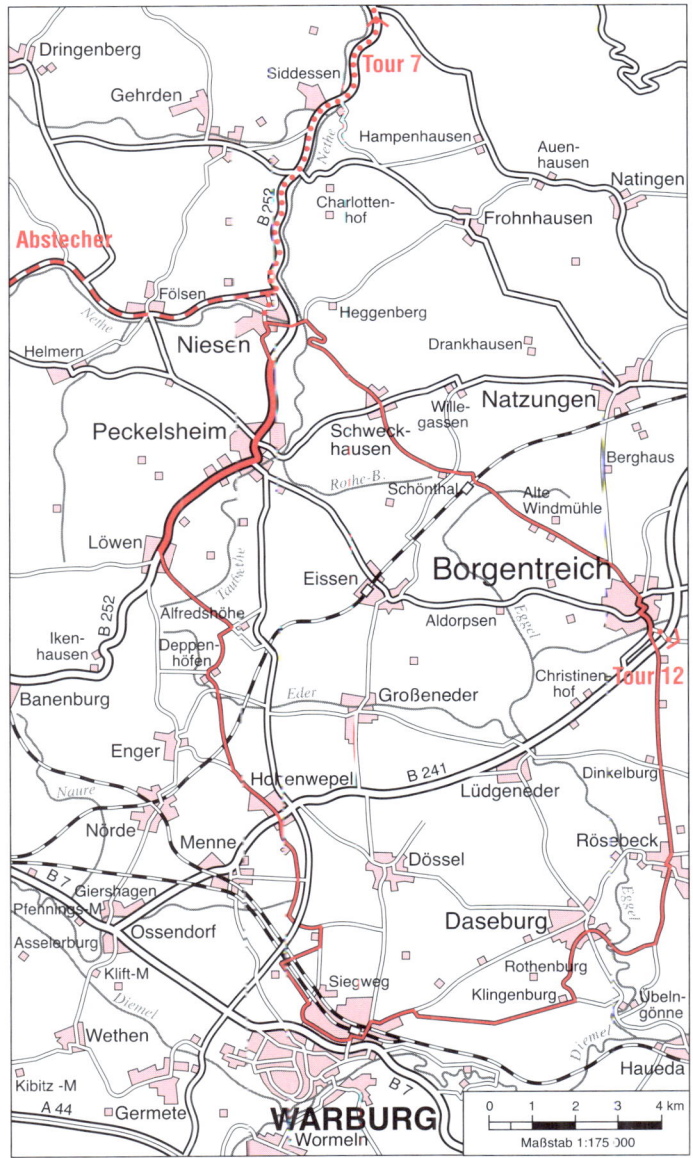

Dringenberg

Gehrden

Siddessen **Tour 7**

Hampenhausen

Auen-
hausen

Natingen

Abstecher

Charlotten-
hof

Frohnhausen

Fölsen

Nethe

B 252

Helmern

Niesen

Heggenberg

Drankhausen

Peckelsheim

Schweck-
hausen

Wille-
gassen

Natzungen

Berghaus

Rothe-B.

Schönthal

Alte
Windmühle

Löwen

Lautethe

Eissen

Borgentreich

Ikenhausen

B 252

Alfredshöhe

Aldorpsen

Eder

Eggel

Deppen-
höfen

Banenburg

Christinen-
hof

Tour 12

Enger

Großeneder

Naure

Hohenwepel

B 241

Lüdgeneder

Dinkelburg

Nörde

Menne

Dössel

Rösebeck

B 7

Giershagen

Pfennings-M.

Asselerburg

Ossendorf

Daseburg

Essel

Klift-M.

Diemel

Siegweg

Rothenburg

Klingenburg

Übeln-
gönne

Wethen

Kibitz -M.

A 44

Germete

WARBURG

Wormeln

B 7

Diemel

Haueda

0   1   2   3   4 km

Maßstab 1:175 000

111

den Mauern auch noch Wehrtürme sowie zwei der ehemals neun Stadttore.

In der „Oberstadt" dominiert auf dem großflächig angelegten Marktplatz die im 13. und 14. Jahrhundert errichtete Neustädter Kirche mit den imposanten Pfeilerstatuen im Chor. Im Umkreis der Kirche und der nahen Sternstraße stehen mehrere gotische Steinbauten, darunter das um 1430 errichtete Haus derer von Calenberg, in dem heute das Heimatmuseum untergebracht ist, oder der Romhof, ein im 15. Jahrhundert erbauter Massiv- und Fachwerkbau der Spätgotik. Beachtenswerte Fachwerkbauten sind unter anderem das gut restaurierte Böttrichsche Haus, das heute der Neustadt-Pfarrgemeinde dient, oder das gotische Fachwerkhaus Hotel „Alt Warburg" von 1510. Als das älteste Fachwerkhaus Westfalens gilt das „Eckmänneken", ein in der Altstadt gelegenes ehemaliges Zunfthaus der Bäcker von 1471. Das Rathaus der vereinigten Alt- und Neustadt von 1586 erhielt das so freundlich wirkende Fachwerkobergeschoß erst 1902.

Sehenswert noch heute der Mönchhof, die erste Altstädter Pfarrkirche aus dem 12. Jahrhundert und seit 1826 evangelische Pfarrkirche, das Altstädter Rathaus und das Gymnasium Marianum im ehemaligen Dominikanerkloster von 1281.

Schöne Ausblicke gibt es vom Burgberg und vom Brüderkirchhof auf die malerische Altstadt sowie über den bunten Felderteppich der Diemelaue bis hin zu der Kette der Waldecker Berge am südlichen Horizont.

Warburg, dem Alten verpflichtet und dem Neuen zugetan, hat sich längst zu einem modernen und leistungsfähigen Mittelzentrum an der nordrhein-westfälisch/hessischen Grenze entwickkelt und bildet mit seinem vielfältigen urbanen Leben einen reizvollen Gegenpol zur Stille der umliegenden Landschaften.

Im August feiert Warburg jeweils das Kälkenfest, bei dem die historischen Bürgerspiele inmitten alter Fachwerkhäuser vor der malerischen Kulisse des gotischen Rathauses im Mittelpunkt des Geschehens stehen.

Wir folgen vom Bahnhof **Warburg** der Vorfahrtstraße und haben an der Einmündung die Möglichkeit, erst nach links über die Bahnhofstraße und dann rechts ab über die Hauptstraße in den Altstadtbereich hineinzufahren, oder nach rechts unter der Bahn hindurch gleich die Tour zu beginnen.

Im letzteren Fall folgen wir nach der Bahnunterführung der Desenbergstraße und verlassen die Straße nach *Daseburg* etwa 800 m nach dem Ortsende, wo wir vor einem Einzelgehöft nach rechts in den Klingenberger Weg einbiegen, der uns südlich am *Desenberg* vorbeiführt.

Der **Desenberg** (345 m), ein aus der fruchtbaren Warburger Börde aufragender Basaltkegel, ist ein Zeugnis früherer vulkanischer Tätigkeit. Auf dem Gipfel zeugen eindrucksvolle Mauerreste von einer einst mächtigen Burg, die erstmals 776 Erwähnung findet. Mit dem ausgehenden Mittelalter verlor die Burg, die sich zeitweilig auch im Besitz Heinrich des Löwen befand, an Bedeutung, wurde verlassen und verfiel allmählich. Unter anderem wurde von den letzten Rittern der Desenburg die östlich unter dem Hang liegende *Rothenburg* (1545) gegründet.

Vorbei an der Rothenburg erreichen wir das aus wenigen Gebäuden bestehende **Klingenburg** und folgen nach links dem regionalen Radweg R 4, der nach kurzem kräftigem Anstieg nach **Daseburg** führt. Wir biegen nach rechts ein und folgen weiter geradeaus dem ausgeschilderten Radweg, kommen in einer Senke durch ein Naturschutzgebiet, der ein 300 m langer kräftiger Anstieg folgt. Nach der Ziegelsteinscheune zweigt der Weg hinter einer Obststreuwiese nach links ab. Nach einer kleinen Kuppe ist dann die Höhe erreicht, die uns einen schönen Blick in die *Warburger Börde* bietet und von wo aus wir nach **Rösebeck** hinunterrollen. Bei der Einmündung radeln wir links und erreichen die Ortsdurchfahrt, der wir nach rechts mit Wegweisung *Borgentreich* folgen. Auf der K 30, einer Lindenallee, müssen wir in dem hügeligen Gelände einige Kuppen überwinden, kommen durch **Dinkelburg**, überqueren die B 241 und radeln an der Einmündung nach rechts nach *Borgentreich* hinein.

Borgentreich, eine der kleineren Städte des Kreises Höxter, ist der Verwaltungssitz der gleichnamigen Stadt und überwiegend von der Landwirtschaft geprägt. Es wurde erstmals 1280 urkundlich erwähnt, und das Stadtrecht wurde 1330 urkundlich erneuert. 1372 wurde Borgentreich in den Westfälischen Landfriedensbund einbezogen. In der Pfarrkirche, frühes Beispiel der Neogotik, befindet sich die bedeutendste erhaltene Barockorgel Westfalens, zudem die größte existierende Springladenorgel.

Dies gab den Impuls, gegenüber der Kirche im ehemaligen Rathaus ein einzigartiges Orgelmuseum aufzubauen. Die wesentliche Aufgabe dieses Museums besteht darin, Orgelkennern und Orgelfreunden, aber auch allen anderen Besuchern die handwerkliche Herstellung der Orgel, ihren geschichtlichen Werdegang und ihre kulturelle Bedeutung näherzubringen (Telefon 0 56 43 / 12 12).

Am Orgelmuseum vorbei folgen wir der links und dann gleich wieder rechts abknickenden Ortsdurchfahrt, biegen an der nächsten Kreuzung (geradeaus auf dem Kreisradweg R 6 über *Bühne* nach *Manrode* Verknüpfung mit Tour 12) links Richtung *Brakel* ab, benutzen am Ortsende den links führenden Radweg und stoßen auf die links nach *Schweckhausen* führende Kreisstraße 37. Nach Überqueren der Bahngleise erwartet uns auf gut 100 m ein sehr starker Anstieg. Auf Höhe der kleinen Siedlung *Schönthal* sehen wir rechts als technische Sehenswürdigkeit einen alten Wasserturm, der fast an ein Schloßtürmchen erinnert, wobei das Wasser per Windrad gefördert wurde.

Abschüssig erreichen wir dann, vorbei an zwei alten Fachwerkhäuschen mit offener Laube, in denen einmal eine Schmiede und eine Wagnerei des Wirtschaftshofes untergebracht war, den Ort **Schweckhausen**, überqueren die Straße, und sehen rechts das

Schloß Schweckhausen, das von einem breiten Wassergraben umgeben ist. Links und rechts des Hauptflügels befindet sich

jeweils ein Vorbau. Am Portal des Treppenturms ist die Jahres-
zahl 1580 zu lesen. Einst gehörte die Anlage den Herren von
Spiegel.

Wir fahren am Schloß vorbei und folgen dem nach links
schwenkenden Wirtschaftsweg, der uns an einem ehemaligen Landarbeiterhaus aus dem 18. Jahrhundert, das
zuletzt als Schafstall genutzt wurde, vorbeiführt. Nach
400 m mittlerem Anstieg führt der Weg mit großem Gefälle
in den Wald hinein, mündet in ein kleines Tal und erreicht
eine Kreisstraße, der wir nach links – unter der Talbrücke
der B 252 hindurch – in den 1275 erstmals urkundlich
erwähnten Ort **Niesen** folgen. An der Pfarrkirche, 1926
nach dem Vorbild romanischer Zentralbauten errichtet,
stoßen wir auf den Kreisradweg R 6/51.

Abstecher: In Niesen besteht die Möglichkeit eines Abstechers
ins 7 km entfernte *Willebadessen*, das auf dem reizvollen Kreisradweg R 6 längs der Nethe erreicht werden kann.

Er führt an der Kirche rechts vorbei und folgt links zunächst der Straße mit Wegweisung *Willebadessen*. Etwa
300 m nach Ortsende beginnt dann der separate Kreisradweg, der uns längs der *Nethe* durch ein schönes Wiesental führt, wobei der Radweg mehrmals die *Nethe*,
hier noch ein kleines Bächlein, kreuzt. Nach dem *Gut
Haverhausen* weitet sich das Tal und wir sehen im Hintergrund auf dem Kamm der *Egge* zwei hohe Sendetürme.
Wir erreichen an der Nethebrücke *Willebadessen* und
fahren nach links in die Stadt hinein. Direkt neben der
Kirche geht es links durch einen Torbogen zur ehemaligen Klosteranlage und zum Kurpark (weiter über den
Kreisradweg R 6/R 2 nach *Bad Driburg* Verknüpfung mit
Tour 6).

Willebadessen ist der größte Ort der gleichnamigen Flächen-
gemeinde, der am Osthang der *Egge* liegt. Zu den bedeutungs-
vollen Baudenkmälern gehören die Klosterkirche und das ehemalige Konventsgebäude des 1149 gegründeten Benediktine-
rinnenklosters. Im weitläufigen Parkgelände befindet sich auch
ein Skulpturenpark. Bedauerlicherweise wird nur mehr ein klei-

ner Teil der teilweise bedeutenden Werke (u. a. Barlach, Kolbe, Rodin und Dali) präsentiert. Der „staatlich anerkannte Luftkurort" verfügt leider seit 1994 über keinen Bahnanschluß mehr.

Fortsetzung der Tour: Wer auf den Abstecher nach Willebadessen verzichtet, fährt an der Kirche in *Niesen* nach links aus dem Ort heraus und muß auf dem separaten Radweg zunächst auf rund 500 m einen stärkeren Anstieg hinter sich bringen. Der Radweg parallel der B 252 biegt dann rechts nach *Peckelsheim* ab.

Peckelsheim ist zwar nur ein Stadtteil der Stadt *Willebadessen*, ist aber Sitz deren Stadtverwaltung und verfügt über ein Schul- und Sportzentrum sowie weitere zentrale Einrichtungen. Sehenswerte Baudenkmäler sind die evangelische Trinitatiskirche von 1840/41 (ein Schinkelbau), die katholische Kirche St. Mariä Himmelfahrt sowie Reste der im 14. Jahrhundert errichteten Burg.

An der Gaststätte „Hunold" biegen wir nach rechts ab und folgen der Wegweisung *Scherfede*. Nach 1,5 km kommen wir – kurz vor dem Ort *Löwen* – rechts an einem Naturdenkmal, der *Femelinde*, vorbei. Die älteste urkundliche Erwähnung des Dorfes **Löwen** stammt aus dem 10. Jahrhundert, damals Sitz eines Freigerichts, das unter dieser alten Linde stattgefunden hat.

In **Löwen** biegen wir nach dem Haus mit der Hausnummer 40 links in die Alfredshöher Straße ein und radeln immer geradeaus aus dem Ort. Nach einigen hundert Metern befinden wir uns wieder auf dem Kreisradweg R 51. Es geht dabei durch den *Peckelsheimer Graben*, eine hügelige Landschaft mit Getreide-, Raps- und Maisfeldern sowie Kartoffel- und Rübenäckern. In Höhe des linkerhand liegenden Gehöftes *Alfredshöhe* knickt der Radweg rechts ab, führt durch das Bauerndorf **Deppenhöfen**, in dem wir uns links halten, wir folgen an der Wegegabelung der Wegweisung *Hohenwepel* und biegen nach wenigen Metern gleich wieder rechts in einen Wirtschaftsweg ein. Wir erreichen bald die K 15, der wir nach links bis **Hohenwepel** folgen.

Wir überqueren vorsichtig die durch den Ort führende Bundesstraße und folgen weiter dem R 51, sehen links wieder den aus der Börde herausragenden *Desenberg* und rechts die Silhouette der Stadt *Warburg*, unterqueren die B 252 und biegen an der ersten Kreuzung rechts ab. Nach einem Einzelgehöft biegt der R 51 rechts ab, führt über die Bahn und dann längs der Gleise nach Warburg hinein. An einem Sperrgitter verlassen wir den nach rechts weiterführenden Radweg, halten uns links und folgen der Wegweisung *Bahnhof*, wobei wir allerdings nochmals einen kräftigen Anstieg vor uns haben.

Tour 12

Korbmacherdorf und Einsiedelei – Von der Hugenottenstadt durch zwei Seitentäler der Weser

An der Mündung der Diemel, die aus dem Rothaargebirge kommt und ab Trendelburg den Reinhardswald im Nordwesten begrenzt, liegt die Hugenottenstadt Bad Karlshafen, eine planmäßig gegründete Barockstadt. Im Gegensatz zu anderen Flüssen mußte sich die Weser an ihrem Oberlauf durch eine Mittelgebirgslandschaft erst mühsam ihren Weg suchen, prallte immer wieder gegen Berghänge oder wurde durch einen Berg umgelenkt. So auch nördlich von Bad Karlshafen, wo die Weser eine ihrer vielen Schleifen zieht. Auf diese Art und Weise sind auch unterschiedliche Ufer entstanden, die sich abwechseln: „Prallhänge" mit steilen und „Gleithänge" mit flachen Ufern. Ein eindrucksvoller und gut erkennbarer Prallhang befindet sich kurz nach Bad Karlshafen weserabwärts: die Hannoverschen Klippen mit ihren gut sichtbaren Steilabbrüchen.

Während die Diemel zu den größeren und auch längeren Nebenflüssen zählt, ist die Bever, nach der die Stadt Beverungen ihren Namen hat, für die Weser von geringer Bedeutung.

Start und Ziel: Bahnhof Bad Karlshafen mit Anschluß an IR-Netz in Altenbeken im Westen und in Northeim bzw. Göttingen im Osten

Streckenlänge: 49 km

Verknüpfungsmöglichkeiten: im Norden über den Weser-Radfernweg nach Höxter mit Tour 5 und 8, im Westen bei Gut Roggenthal nach Bruchhausen mit Tour 7, im Süden von Manrode über den Kreisradweg R 6 nach Borgentreich mit Tour 11 und von Trendelburg über den Diemelradweg nach Hümme mit Tour 13 bzw. über Friedrichsfeld nach Beberbeck mit Tour 14, im Osten von Bad Karlshafen über den Weser-Radfernweg nach Bodenfelde bzw. über Forsthaus Winnefeld mit Tour 10

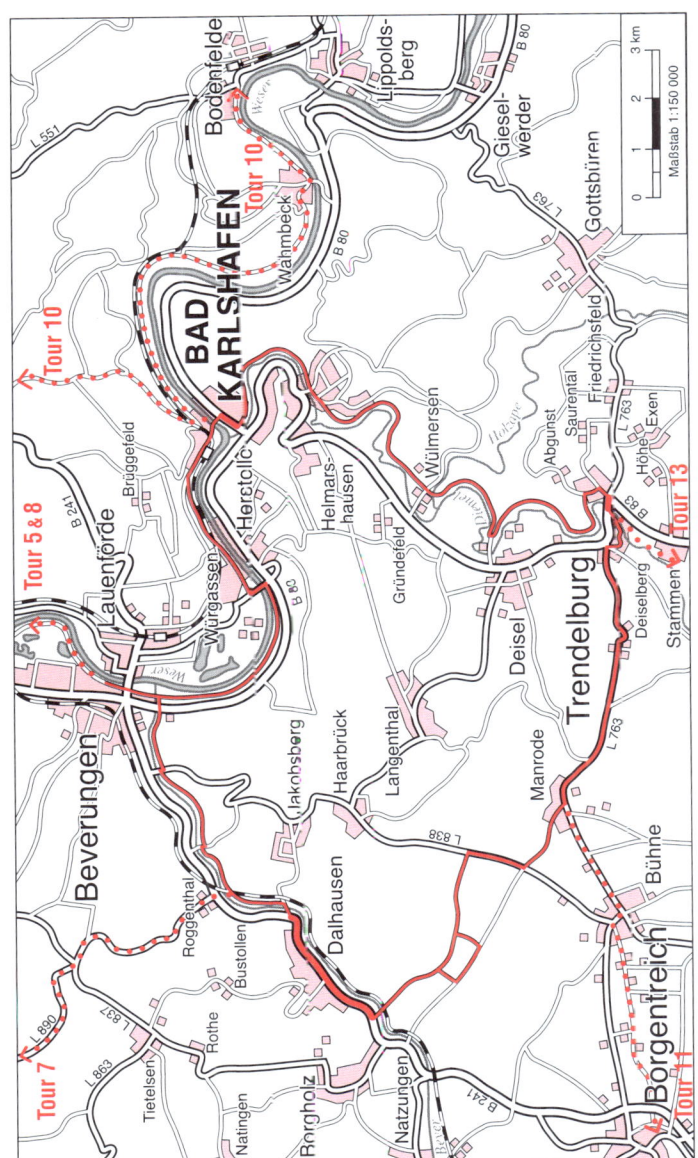

Bodenfelde

Lippolds-berg

Gottsbüren

Giesel-werder

L 551

Tour 10

Tour 10

Wahmbeck

B 80

BAD
KARLSHAFEN

Friedrichsfeld

Saurental

Höhe Exen

Abgunst

L 763

Tour 13

Wülmersen

B 83

Herstelle

Helmars-hausen

Brüggefeld

Tour 5 & 8

Lauenförde

Würgassen

B 241

Gründenfeld

B 80

Deisel

Stammen

Deiselberg

Trendelburg

Weser

Beverungen

Jakobsberg

Haarbrück

Langenthal

Manrode

L 763

Roggenthal

Bustollen

Dalhausen

L 838

Bühne

Borgentreich

Tour 7

Rothe

L 890

L 837

L 863

Tietelsen

Natingen

Borgholz

Natzungen

B 241

Tour 11

Maßstab 1:150 000

0   1   2   3 km

119

Steigungen: einige kürzere und nicht sehr steile Anstiege

Wegebeschaffenheit: überwiegend asphaltierte Straßen und Radwege sowie gut befahrbare Forst- und Wirtschaftswege

Sehenswürdigkeiten: *Bad Karlshafen:* Stadtanlage, Hugenottenmuseum
Beverungen: Burg mit Stuhlmuseum, Cord-Holstein-Haus
Dalhausen: Korbmachermuseum
Trendelburg: Burganlage
Helmarshausen: Krukenburg, Evangeliar

Gaststätten: gutes Angebot in Bad Karlshafen und Beverungen, „Alte Linde" in Würgassen, „Gasthaus Groll" mit Biergarten in Dahlhausen, Restaurant-Café „Burghotel" in Trendelburg

Karten: Freizeitkarte des Kreises Höxter 1 : 50 000, Ausgabe 1994 (Landesvermessungsamt NRW)

Informationen: Kurverwaltung Bad Karlshafen, Hafenplatz 8, 34381 Bad Karlshafen, Telefon 0 56 72 / 10 22 oder 10 91, Telefax 0 56 72 / 10 25; Verkehrsamt Beverungen, Weserstraße 10, 37688 Beverungen, Telefon 0 52 73 / 92-2 21, Telefax 0 52 73 / 92-1 20; Verkehrsamt der Stadt Trendelburg, Rathaus, 34388 Trendelburg, Telefon 0 56 75 / 10 24

> Wer zuerst die Stadt *Bad Karlshafen* besichtigen möchte, verläßt den Bahnhof nach links und überquert die Weserbrücke.

Bei der Stadt **Bad Karlshafen**, an der Mündung der *Diemel* in die *Weser* gelegen, handelt es sich um eine planmäßige Gründung durch den hessischen Landgrafen Carl (1654 bis 1730), der durch den Bau eines Kanals zwischen der Weser und dem Rhein sein Land nach dem Dreißigjährigen Krieg zu neuer Blüte führen wollte, wobei er damit das Stapelrecht im damals welfischen Hannoversch Münden umgehen wollte. Der Grundstein des mit Hugenotten besiedelten Ortes, der damals noch *Sieburg* hieß, wurde im Jahre 1699 gelegt, und 1710 wurden die Stadtrechte verliehen. Zu Ehren des Stadtgründers wurde der bisherige Name 1718 in *Carlshafen* geändert.

Nach dem Tod des Landgrafen erhielt die rege Bautätigkeit einen empfindlichen Rückschlag und der Kanalbau wurde eingestellt. Heute ist neben der Schleuse zur Weser noch das Hafenbecken erhalten.

Die Barockstadt erschloß sich mit der heilkräftigen Sole, die bereits 1730 entdeckt worden war und 1838 zur Eröffnung eines Solbades führte, eine neue wirtschaftliche Perspektive. Nachdem 1955 die Anerkennung als Heilbad erfolgt war, darf die Stadt seit 1977 den Titel „Bad" führen.

Im Rathaus am Hafen kann man anhand eines Modells nachvollziehen, wie die nach dem Konzept des Landgrafen vollendete Stadt ausgesehen hätte. Sehenswert ist aus städtebaulich und kulturgeschichtlichen Gründen somit die gesamte historische Stadtanlage rund um den Hafenbereich, die vom repräsentativen Rathaus, dem Invalidenhaus mit seinem prächtigen Wappen, dem Zollhaus oder der Thurn- und Taxis'schen Posthalterei geprägt ist.

Seit 1980 bietet das Deutsche Hugenottenmuseum (Telefon 0 56 72 / 14 10), das in einer ehemaligen Tabakfabrik untergebracht ist, einen vielfältigen Einblick in die Geschichte der Hugenotten in Frankreich, ihrer Vertreibung und ihrer Aufnahme in Deutschland. Ein besonderer Stellenwert kommt der hugenottischen Stadtgründung Karlshafens zu.

> Wer gleich mit der Tour beginnen will, verläßt den „schalterlosen" Bahnhof (Fahrkarten gibt es aus dem Automaten oder bei der Kurverwaltung im Rathaus) und folgt gleich rechts dem Weser-Radfernweg, der im Kreis Höxter die Bezeichnung R 99 hat. Auf der Strecke sehen wir bald links am Hang auf der anderen Weserseite die 1832 vollendete Burg über dem ehemaligen Schifferdorf *Herstelle*. Die Burg war über einen längeren Zeitraum auch Treffpunkt von Gelehrten und Schriftstellern, darunter auch Annette von Droste-Hülshoff, deren Tante die Burg gehörte.

> Immer längs der Weser erreichen wir den Ort **Würgassen** und folgen dem Radweg, der dann über die Brücke auf

die andere Weserseite führt. Vorbei am Atomkraftwerk Würgassen, einem der ältesten Atomreaktoren Deutschlands und zudem vom Tschernobyl-Typ, erreichen wir die Stadt *Beverungen* und fahren bis zum Dampferanleger am „Alten Fährhaus" (weserabwärts nach *Höxter* Verknüpfung mit Tour 5 und Tour 8). Über die Weserstraße radeln wir nach links ins nahegelegene Zentrum.

Der Name **Beverungen** taucht erstmals Mitte des 9. Jahrhunderts in Corveyer Schenkungsregistern auf. Aus einem einzelnen Hof entwickelte sich am Weserufer aus dem ehemaligen Beveringen allmählich ein Dorf. Um 1330 erhielt Beverungen zu seinem Schutz und zur Sicherung der Weserschiffahrt eine Burg an der Weserbrücke, in der heute ein Stuhlmuseum untergebracht ist (Telefon 0 52 73 / 70 06). Die Stadtrechte erhielt Beverungen, das auch über Jahrhunderte Hafen des Hochstifts Paderborn war, 1417 verliehen. Über mehrere Jahrhunderte eine typische Ackerbürgerstadt, entwickelte sich Beverungen erst nach dem 2. Weltkrieg zu einer modernen Kleinstadt.

An die Zeit der Ackerbürgerstadt erinnern neben vielen Fachwerkhäusern in der Weser- und Mühlenstraße insbesondere der Kellerplatz mit Rathaus, dem Cord-Holstein-Haus von 1662 und dem Michaelisbrunnen, wo jeweils am ersten Septemberwochenende das Brunnenfest gefeiert wird.

Wir radeln wieder ein Stück an der Weser zurück und folgen kurz nach der Überquerung einer kleinen Brücke im spitzen Winkel dem Kreisradweg R 4 in Richtung *Dalhausen*. Abseits vom Verkehr führt der Radweg durch ein breites Seitental bis zu einem Bahndamm (unter der Eisenbahnbrücke durch und rechts nach *Bruchhausen* Verknüpfung mit Tour 7), wo es nach links unter der Bahn hindurch und dann immer längs der *Bever* geht. Bald nach der Kläranlage endet der Radweg. Wir fahren nach rechts über die Brücke und dann nach links nach

Dalhausen hinein, urkundlich bereits 971 erwähnt und vor allem durch das Korbmacherhandwerk bekannt, wobei der Weidenreichtum am Lauf der *Bever* günstige Voraussetzungen bot. Die vielfältigen Korbwaren waren früher sogar über die Grenzen

Deutschlands hinaus gefragt. Einige Korbflechter haben das alte Handwerk, heute kunstgewerblich ausgerichtet, bis heute lebendig gehalten. Nach längerer Planungsphase ist 1994 in einer ehemaligen Korbmacherei (Lange Reihe 21/23) auch ein sehenswertes Korbmachermuseum eingerichtet worden, in dem rund 2000 Exponate aus dem 19. und 20. Jahrhundert ein umfassendes Bild des Korbmacherhandwerks vermitteln (Telefon 0 52 73 / 92-2 21)

Die 1723 erbaute Kirche „Maria Geburt" mit ihren Barockaltären ist heute noch beliebtes Pilgerziel an den traditionellen Marien-Wallfahrtstagen.

> Auf der B 241 geht es dann an der Wallfahrtskirche vorbei durch den Ort. Gut einen halben Kilometer nach Ortsende kommt nach einer Rechtskurve an der linken Straßenseite eine Parkbucht. Hier geht ein Wirtschaftsweg ab, wobei ein kleines Holzschild den Weg zur *Klus Eddessen* weist. Vorbei an einem Gehöft geht es dann gleich unter der Bahn hindurch, und wir folgen einem kleinen Bach. Nach etwa einem halben Kilometer kommen wir an einem rechts liegenden Gehöft vorbei, wo die Asphaltstraße in einen Schotterweg übergeht und leicht ansteigend in den Wald hineinführt, der nach etwa einem Kilometer rechts abbiegt. Nach weiteren 50 m folgen wir nach links der Ausschilderung zur Klus, wobei wir nach dem kleinen Holzsteg etwa 80 m das Fahrrad über einen steilen Anstieg schieben müssen.

> **Alternative:** Bei schlechten Witterungsverhältnissen fahren wir auf der Forststraße weiter, bis wir auf die Kreisstraße stoßen, der wir nach links folgen. Nach etwa einem Kilometer radeln wir an einem rechts liegenden Einzelhof vorbei. Unmittelbar danach geht links ein Wirtschaftsweg ab, wobei man die ersten 200 m das Fahrrad besser schiebt. Am Waldrand bei zwei alten Linden stoßen wir wieder auf die eigentliche Streckenführung.

> Auf einem etwas holprigen Grasweg kommen wir bei der Gemarkung *Eichhagen* an einem eingezäunten Areal vorbei, auf dem sich neben einer alten Eiche eine überdachte

Grabstätte mit zwei Holzkreuzen befindet. Dort hat ein Baron von Amelunxen, einstmals Herr über die umliegenden Ländereien und Wälder, zusammen mit seiner Gattin die letzte Ruhestätte gefunden. Bald danach erreichen wir zwei alte Linden (von rechts Einmündung der Alternativstrecke), an denen es mit leichter Linksverschwenkung entlang des Waldes wieder auf einen besser befahrbaren Wirtschaftsweg geht, kommen an einem großen Holzkreuz vorbei und erreichen durch einen Buchenwald kurz darauf die

Klus Eddessen. Die 1856 renovierte Kapelle wurde nach dem Dreißigjährigen Krieg dort errichtet, wo sich die Kirche des 1447 zerstörten Ortes Eddessen befunden hat. Um die Kapelle stehen neben mächtigen Linden auch zwölf Kreuzwegstationen.

Ein einzelnes Grab mit Holzkreuz erinnert an den wohl letzten Eremiten dieser Einsiedelei, Libaldus Bornemann (1830-1915). Die Kapelle ist heute noch Zielpunkt von Prozessionen aus den umliegenden Dörfern.

Wir fahren an der Kirche vorbei und nehmen geradeaus die asphaltierte Straße, erreichen nach etwa einem Kilometer die L 838, der wir nach rechts folgen, an der nächsten Straßenkreuzung nach links auf die Kreisstraße nach *Trendelburg* einbiegen, um in **Manrode** (an der Einmündung nach rechts über den Kreisradweg R 6 nach *Borgentreich* Verknüpfung mit Tour 11) dann wieder nach links abzubiegen. Nach einer kurzen Gefällstrecke haben wir dann durch den Wald einen letzten Anstieg zu bewältigen.

Dann geht es gut 3 km mit einem Gefälle von neun Prozent hinunter zur Stadt *Trendelburg*. Die Serpentinen des *Deiselbergs* lassen es dennoch zu, die wunderschöne Aussicht auf das unter uns liegende Diemeltal mit weitem Blick nach beiden Richtungen zu genießen, vor uns immer die Trendelburg, die auf einem Bergkegel liegt. Die kleinräumige Landschaft mit Wiesen, Äckern, Baumgruppen, Buschwerk und bewaldeten Kuppen liegt ausgebreitet vor uns, wobei dahinter der *Reinhardswald* ansteigt.

Hellental

Kloster Lippoldsberg

Fahrgastschiff „Karlshafen"

Wir folgen bei Erreichen des Bergstädtchens *Trendelburg* nach rechts der Wegweisung *Liebenau* und dann nach links dem Hinweisschild „Burghotel", wobei wir am Rathaus und der danebenstehenden Kirche vorbeikommen.

Die älteste urkundliche Erwähnung der **Trendelburg** stammt aus dem Jahr 1303. Aus dieser Zeit stammt auch die Stadtanlage mit der für die damalige Zeit ungewöhnlichen rechtwinkligen Straßenführung Nach einer Feuersbrunst Mitte des 15. Jahrhunderts wurde die Burganlage mit stärkeren Mauern und Türmen wieder aufgebaut Im Dreißigjährigen Krieg wurde Trendelburg mehrfach erobert und durch Tillysche Truppen zerstört. 1676 erfolgte der Umbau der noch wehrhaften Burg zum Jagdschloß der hessischen Landgrafen. Um 1900 erwarb die Familie von Stockhausen die fast unbewohnbare Burg, die bereits früher einmal deren Burgherren waren und in deren Besitz sie heute noch ist. Die heutige Burganlage beherbergt ein Hotel mit Restaurant und Café. Zudem ist in der Burganlage das Standesamt untergebracht. Vom Burghof aus hat man einen wunderschönen Blick ins *Diemeltal* und die umliegenden Höhenzüge.

Sehenswert sind in dem kleinen Städtchen mit den vielen schmucken Fachwerkhäusern (Rathausstraße Nr. 3 aus dem Jahr 1453) auch das Fachwerkrathaus, das 1582 erbaut wurde und heute noch in dieser Funktion genutzt wird, sowie die Stadtkirche mit spätgotischen Wandgemälden.

Wir verlassen die Burganlage und radeln gleich die erste Querstraße links zur *Diemel* hinunter, überqueren die Brücke (nach rechts über den Diemel-Radweg vor *Sielen* Verknüpfung mit Tour 13), um danach gleich wieder nach links der Wegweisung *Oberweser* zu folgen (geradeaus weiter über *Friedrichsfeld* nach *Beberbeck* Verknüpfung mit Tour 14). Nach wenigen Metern geht es dann gleich wieder links in die Straße namens Abgunst, wo wir uns auf dem nach links abbiegenden Radweg – hier als R 4 ausgeschildert – befinden, dem wir längs der *Diemel* folgen.

Der Diemel-Radweg verläuft bis *Bad Karlshafen* auf der ehemaligen Bahntrasse der Friedrich-Wilhelm-Nordbahn. Die Bahn, die von *Bad Karlshafen* bis *Hümme* (südlich von Trendelburg) verlief, war von 1848 bis 1966 in Betrieb. Teilweise sind längs der Trasse noch Stützmauern und vereinzelt alte Kilometersteine zu sehen. Die Strecke ist inzwischen von Bäumen gesäumt und verläuft fast durchweg unter einem schattenspendenden Blätterdach.

In Höhe der linkerhand liegenden Ortschaft *Deisel* knickt der Radweg in spitzem Winkel nach rechts ab und führt nach einem kurzen Anstieg wieder an die *Diemel* heran. In **Wülmersen** kommen wir an einem ehemaligen Wasserschloß vorbei, heute eine landwirtschaftliche Domäne. Weiter geht es parallel zur *Diemel* bis nach *Helmarshausen*, wobei es bei der Einmündung des Radweges nach links über die Bahnhofstraße und die Diemelbrücke in den Ort geht.

Helmarshausen wird schon von der über dem Diemelort liegenden *Krukenburg*, einer romanischen Kirchenburgruine, von weitem angekündigt. Die ehemalige Reichsabtei, von 997 bis 1538 ein Benediktinerkloster, besaß im frühen Mittelalter eine damals weltberühmte Malschule und Goldschmiede. Gegen Ende des 12. Jahrhunderts fertigte dort der Mönch Herimann das berühmte Evangeliar Heinrichs des Löwen an, das vor Jahren für 32 Millionen DM in London ersteigert werden konnte. Eine Faksimileausgabe ist in der Stadtkirche zu besichtigen.

Eine schöne Straßenzeile mit vielen alten Fachwerkhäusern ist die Steinstraße, die parallel zur Ortsdurchfahrt verläuft.

Sowohl ein Fußweg als auch eine sehr steile Fahrstraße führen zur Ruine **Krukenburg**, die im 13. Jahrhundert zum Schutz des Klosters und der Stadt Helmarshausen errichtet worden ist.

Wer gleich weiterfahren will, biegt an der Einmündung rechts ab und folgt dann dem gleich wieder nach links auf der ehemaligen Bahntrasse weiterführenden Radweg bis nach *Bad Karlshafen*. Um zum Bahnhof zu gelangen, muß die Weserbrücke überquert werden, wobei es nach dem Freibad die erste Straße nach links abgeht. Geradeaus weiter über den Weser-Fernradweg in *Bodenfelde* läuft die Verknüpfung mit Tour 10.

Tour 13

Drei historische Stadtkerne – Durchs nordhessische Hügelland und das Diemeltal

Hofgeismar, im vergangenen Jahrhundert noch angesehenes hessisches Staatsbad, an dessen Westrand die fachwerkbunte Stadt liegt, wird auch als die „Hauptstadt" des Reinhardswaldes bezeichnet. Das heute zum Stadtgebiet gehörende Carlsdorf ist die älteste der zahlreichen Hugenottensiedlungen Hessens, wobei sich die damaligen hessischen Landgrafen nicht nur durch Aufnahme der aus Frankreich geflohenen Hugenotten und der aus den savoyischen Alpentälern vertriebenen Waldenser, sondern auch durch eine großzügige Schutzbrieferteilung an die Juden – einer weiteren religiösen Minderheit – bereits frühzeitig durch eine gewisse Liberalität auszeichneten.

Die hügelige Landschaft, im Süden in den Habichtswald übergehend, fällt teilweise steil gegen das Diemeltal ab, das in etwa auch die Grenze zum Corveyer Land darstellt. Warburg, die fast tausendjährige Stadt mit der mittelalterlich anmutenden Silhouette über dem Diemeltal, ist die südlichste Stadt des östlichen Kreises von Nordrhein-Westfalen, des Kreises Höxter.

Start und Ziel: Bahnhof Hofgeismar mit Anschluß an IR-Netz in Kassel

Streckenlänge: 60 km

Verknüpfungsmöglichkeiten: im Osten von Carlsdorf nach Hombressen bzw. im Süden von Grebenstein über Immenhausen nach Holzhausen mit Tour 14, im Westen in Warburg mit Tour 11 und im Norden vom Diemeltal nach Trendelburg mit Tour 12

Steigungen: mehrere kürzere und einige längere Steigungen mittlerer Schwierigkeit

Wegebeschaffenheit: durchwegs asphaltierte Wirtschaftswege und Straßen

Sehenswürdigkeiten: *Hofgeismar:* Altstadt, Apothekenmuseum, Barockanlage, Gesundbrunnen
Grebenstein: Historische Altstadt
Warburg: Altstadt, Burganlage, Museum zum Stern

Gaststätten: zahlreiche Gaststätten in Hofgeismar und Warburg; Restaurant „Alte Renterei" in Grebenstein; Gasthaus „Zum Löwen" mit kleinem Biergarten in Hümme

Karten: Freizeitkarte Kreis Höxter 1:50 000 (Landesvermessungsamt NRW); Freizeitkarte Stadt und Kreis Kassel 1:75 000 (Städte-Verlag E. v. Wagner & J. Mitterhuber); Radwanderkarte „Radwandern im Landkreis Kassel" 1:75 000 (Wartberg Verlag Peter Wieden)

Informationen: Magistrat der Stadt Hofgeismar, Markt 1, 34369 Hofgeismar, Telefon 0 56 71 / 8 88 30, Telefax 0 56 71 / 8 88 55; Verkehrsbüro Grebenstein, 34393 Grebenstein, Telefon 0 56 74 / 7 05 15, Telefax 0 56 74 / 7 05 30; Fremdenverkehrsverband „Warburg Südegge", Zwischen den Städten, 34414 Warburg, Telefon 0 56 41 / 9 25 55, Telefax 0 56 41 / 9 25 82

Wir verlassen den Bahnhof **Hofgeismar**, folgen nach links der Wegweisung *Evangelische Akademie* und erreichen die Bahnhofsstraße. Wer zuerst die Stadt Hofgeismar besuchen will, fährt zunächst nach rechts über die Eisenbahnbrücke und kommt immer geradeausfahrend direkt in den interessanten Altstadtbereich.

Hofgeismar, erstmals 1082 als „Hovegeismari" urkundlich belegt und damals schon ein bedeutender Marktflecken, erhielt zu Beginn des 13. Jahrhunderts die Stadtrechte vom damaligen Mainzer Erzbischof verliehen. Das Stadtwappen führt übrigens bis heute neben den Türmen sowie Stadttor das Mainzer Rad. Manche der bis heute überlieferten Bauten gehen auf diese Zeit zurück, so neben Resten der Befestigungsanlagen mit Toren und Türmen die Altstädter Kirche, seit 1535 evangelische Stadtkirche der Altstadt, und das gotische Steinerne Haus, der älteste erhaltene Profanbau der Region, in dem heute das Apothekenmuseum untergebracht ist, das über eine der weitaus größten deutschen thematischen Sammlungen verfügt.

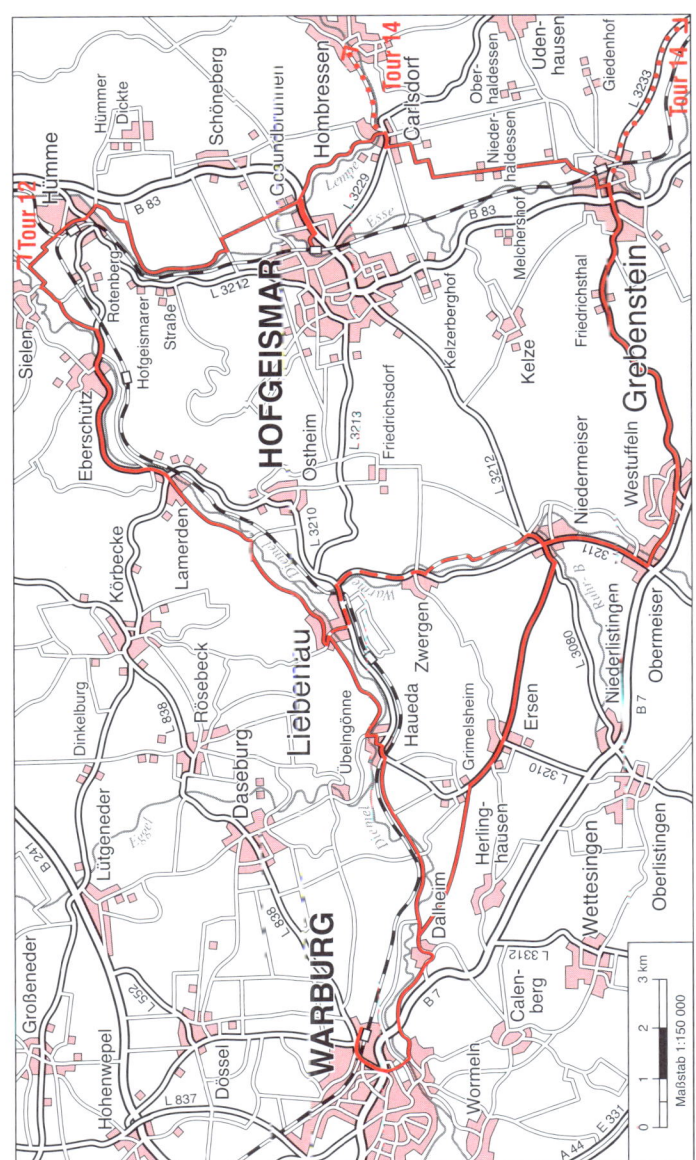

Tour 12

Tour 14

Tour 14

Hümmer Dickte

Hümme

Schöneberg

Hombressen

Carlsdorf

Ober-haldessen

Nieder-haldessen

Udenhausen

Giedenhof

Hümme

B 83

Gesundbrunnen

Lempe

L 3229

Esse

B 83

Melchershof

Friedrichsthal

Rotenberg

Sielen

Eberschütz

Hofgeismarer Straße

L 3212

HOFGEISMAR

Kelzerberghof

Kelze

Westuffeln

Grebenstein

Körbecke

Lamerden

Ostheim

L 3213

Friedrichsdorf

L 3212

Niedermeiser

L 3211

Dinkelburg

Rösebeck

L 3210

Diemel

Liebenau

Übelngönne

Haueda

Zwergen

Warme

Grimelsheim

Ersen

Niederlistingen

Obermeiser

B 7

Daseburg

L 838

Egge

L 838

Herling-hausen

L 3080

Wettesingen

Oberlistingen

Lütgeneder

Großeneder

B 241

L 552

WARBURG

Diemel

Dalheim

B 7

Calenberg

L 3312

Hohenwepel

Dössel

L 837

Wormeln

A 44 E 331

3 km

Maßstab 1:150 000

0 1 2

Die Mainzer Herrschaft, manifestiert in weiteren Burgen der Region, darunter auch die Sababurg, wurde 1462 durch die Hessischen Landgrafen abgelöst. Der Dreißigjährige Krieg hinterließ eine weitgehend zerstörte Stadt und ein verwüstetes und fast menschenleeres Umland. Vor diesem Hintergrund sind auch die Ansiedlungsangebote Herzog Carls an die Hugenotten und Waldenser zu sehen. Hofgeismar mit seinen acht Stadtteilen schließt heute vier hugenottische Gründungen ein. Entsprechend sehenswert sind auch die Ausstellungen im Stadtmuseum zur Geschichte der Hugenotten und Waldenser sowie der Juden, wobei die Spezialsammlung „hugenottischer" Bibeln wohl die größte der Welt sein dürfte.

Sehenswert in der mit dem Prädikat „Historische Altstadt" ausgezeichneten Innenstadt sind neben dem Apotheken- und Stadtmuseum die Neustädter Kirche, eine dreischiffige Hallenkirche von 1341, oder das Ende des 14. Jahrhunderts auf mittelalterlichen Tonnengewölben errichtete Rathaus, in dessen Turmaufsatz ein Glockenspiel untergebracht ist.

Im Rathaus ist ein Faltblatt erhältlich, das zu einem kleinen Stadtrundgang einlädt und die wichtigsten historischen Bauwerke vorstellt.

Die Stadt an der „Deutschen Märchenstraße" feiert in der ersten Junihälfte fast eine Woche lang das Viehmarkt- und Heimatfest.

> Wer gleich loslegen will, radelt links in die Bahnhofstraße und biegt kurz vor dem Ortsende nach links in die Straße Gesundbrunnen ein, wo es zu einem eindrucksvollen Gebäudeensemble geht.

Zwischen der Stadt und dem Reinhardswald erinnern die Barockanlage **Gesundbrunnen** mit ihrem Quelltempel und das klassizistische Schlößchen *Schönburg* an die Zeit, als es sich im 18. Jahrhundert noch um ein angesehenes hessisches Staatsbad handelte, gegen Ende seiner großen Zeit auch „Bad Hofgeismar" genannt. Nach der preußischen Einnahme Kurhessens 1866 wurde der Badebetrieb aus politischen Gründen eingestellt, wobei aber auch die Quellschüttung ohnehin stark nachgelassen hatte. Heute sind dort die Evangelische Akademie mit Predigerseminar, Diakonischem Fortbildungszentrum, Altenpflegeschule sowie moderne Seniorenwohneinheiten untergebracht.

Wir radeln durch die ehemaligen Badanlagen *Gesundbrunnen*, kommen über eine Brücke und folgen dem Radweg nach rechts, wobei wir vorsichtig die B 83 überqueren müssen. Längs des Bächleins *Lempe* erreichen wir das Unterdorf von *Carlsdorf* (links nach *Hombressen* Verknüpfung mit Tour 14) und biegen rechts in die Ortsdurchfahrt ein.

Carlsdorf ist eine nach Landgraf Carl benannte und von den Hugenotten 1686 auf einer alten Wüstung planmäßig errichtete Siedlung. Die 105 Neusiedler waren vor allem in der Landwirtschaft tätig, teilweise aber auch Handwerker. Die im einheimischen Fachwerkstil 1704 errichtete Kirche ist die älteste Hugenottenkirche Hessens und wohl eine der schönsten Fachwerkkirchen Deutschlands.

Nach der Fachwerkkirche radeln wir am Ortsende geradeaus weiter, um dann gleich wieder links einem ansteigenden Wirtschaftsweg zu folgen. Vor der Wellblechscheune geht es wieder rechts – wo wir nochmals einen Blick auf die unter uns liegende Stadt Hofgeismar werfen können – und dann links um den *Offenberg*, ein flächenhaftes Naturdenkmal, herum. Am nächsten Wirtschaftsweg geht es dann wieder links ab, wobei der Weg vorbei an einigen Einzelhöfen durch eine leichte Senke führt. Am Schützenhaus haben wir eine wunderschöne Aussicht auf das unter uns liegende *Grebenstein* und den *Habichtswald* im Hintergrund. An der Einmündung radeln wir nach links in den Ortskern von

Grebenstein, das sich vor etwa tausend Jahren von einem Marktflecken zu einer befestigten Stadt entwickelte. Südlich der Stadt lag auf einem steilen Berg die um 1265 errichtete Burg *Fürstenstein*, von der heute noch der Palas erhalten ist. Mitte des 14. Jahrhunderts wird im Tal der Esse zwischen Altstadt und Burg eine Neustadt angelegt, wobei sich 1370 beide Städte vereinigen und in den Folgejahren die Befestigung der Stadt vollendet wird.

Auffallend ist das planmäßig und gitterförmig angelegte Straßennetz. Auch in Grebenstein bedeuteten die Folgen des Dreißigjährigen Krieges das Ende der Blütezeit der Stadt. Jahrhundertelang bestimmten Landwirtschaft und Kleinhandwerk das Leben. Die meisten der schönen alten Fachwerkhäuser stammen aus dem 17. und 18. Jahrhundert. Für die vorbildliche Stadtsanierung wurde Grebenstein, das auch als das „hessische Rothenburg" bezeichnet wird, bereits 1987 mit dem Hessischen Denkmalschutzpreis ausgezeichnet.

Besonders sehenswert sind neben dem stadtbildprägenden Rathaus, ein freistehender Steinbau mit Fachwerkobergeschoß und barockem Portal, das Haxthausenhaus in der Hochzeitsstraße, das neben vielen anderen sehenswerten Fachwerkhäusern sicherlich zu den schönsten zählt, und die Evangelische Stadtkirche mit barockem Mobiliar. Das kleine Ackerbürgerstädtchen verfügt heute noch über die fast erhaltene Stadtmauer mit ihren sieben Türmen sowie zahlreichen malerischen Winkeln in den engen Gassen.

Vorbei an Rathaus, Kirche und Jungfernturm (bedeutendster Turm der Stadtbefestigung, 40 m hoch mit achteckigem Dach) erreichen wir nach Überquerung der B 83 die *Friedrichsthaler Straße* in Richtung *Warburg*, kommen auf einer verkehrsarmen Landstraße durch das zu Grebenstein gehörende Örtchen **Friedrichsthal** (Hugenottenkirche mit Schule von 1815), haben dann einen längeren, aber leichten Anstieg vor uns, der uns durch eine Abfahrt mit acht Prozent Gefälle bis nach **Westuffeln** entschädigt. An der Einmündung halten wir uns rechts und radeln bis **Obermeiser**, ein Ort mit einigen schönen Fachwerkhäusern, biegen an der Gaststätte Sippel rechts ab und erreichen nach einem kurzen Stück prächtiger Lindenallee **Niedermeiser**.

Abkürzung: Wer auf eine weitere Stadtbesichtigung – das westfälische Warburg – verzichten möchte oder aus anderen Gründen die Tour abkürzen will, hat dazu am besten Gelegenheit in *Niedermeiser*.

Dazu fährt man in *Niedermeiser* erst kurz nach rechts Richtung *Hofgeismar* und am Ortsende links über einen Wirtschaftsweg längs des Bächleins *Warme* bis nach **Zwergen**. Bei der Freizeitanlage *Warmetal* geht es links über die Brücke und im Ort dann rechts auf einer Landstraße Richtung *Liebenau*. Dann überquert man die Kreuzung wo es links nach Liebenau geht, fährt geradeaus den Wirtschaftsweg weiter, unterquert die Eisenbahn und fährt sich links haltend nach **Liebenau** hinein, wo dann wieder Anschluß an die eigentliche Tour gefunden wird. Die Radtour verkürzt sich mit dieser Strecke um etwa 15 km.

Fortsetzung der Tour: An der Kreuzung im Ortskern geht es links Richtung *Niederlistingen*, wobei wir aber kurz nach dem Ortsende rechts Richtung **Ersen** abbiegen, das wir nach einem längeren Anstieg erreichen. Am Ortsende radeln wir an der Straßengabelung rechts nach **Grimelsheim**, biegen dort aber gleich kurz nach dem Ortseingang nach links in den Wirtschaftsweg ein und halten uns an der nächsten Gabelung rechts. Von hier haben wir nochmals einen schönen Blick auf den *Desenberg*, das unter uns liegende Diemeltal und vor uns auf Warburg. Der Radweg führt uns hinunter ins Diemeltal nach **Dalheim**, dann immer längs der *Diemel*, wobei wir die B 7 unterqueren. Vorbei an einer Reithalle sehen wir eine Fußgängerbrücke, an der wir auf die innerstädtischen Radwege Warburgs stoßen. Wir haben hier nun die Möglichkeit, entweder Diemel-aufwärts und dann am Neuen Tor über die Diemelbrücke und den Altstädter Marktplatz („Unterstadt") nach Warburg hineinzuradeln, oder Diemel-abwärts über zwei Fußgängerbrücken und dann nach links über die Kasseler Straße in die „Oberstadt" zu gelangen.

Eine ausführliche Beschreibung von **Warburg** befindet sich bei Tour 11.

Wir verlassen *Warburg* wieder durch das Diemeltal und radeln bis *Dalheim* zurück, wobei wir dem Kreisradweg R 8 längs der Diemel folgen, der uns dann nach **Haueda** führt. Dort geht es nach links über die Diemelbrücke und gleich danach nach rechts über den Diemel-Radweg bis nach *Liebenau*, dessen alten Stadtkern man nach rechts über die Diemelbrücke erreicht. (Wer die Abkürzung von Niedermeiser genommen hat, findet hier wieder Anschluß an die Tour.)

Erstmals urkundlich erwähnt wurde **Liebenau** 1293, wahrscheinlich damals schon mit Stadtrechten. Burg und Stadt dienten zum Schutz des ritterlichen Besitzes von Herrmann Spiegel zum Desenberg. Liebenau wechselte in der Folgezeit mehrfach den Besitzer und wurde 1395 eine paderbornische Stadt. Die Burg war schon Mitte des 18. Jahrhunderts verfallen.

Heute noch sehenswert ist der Papenheimsche Hof aus der Barockzeit, der im vorigen Jahrhundert durch Anbauten erweitert wurde. Die im gotischen Stil erbaute Kirche wurde schon 1294 erwähnt und birgt im Inneren Wandmalereien des frühen 15. Jahrhunderts.

Das Zentrum zwischen Mühlbach und Diemel wird durch seine zahlreichen schönen Fachwerkbauten bereichert.

Wir radeln über die *Diemel* zurück und dann gleich rechts über einen kleinen Seitenbach, wobei wir uns wieder auf dem Diemel-Radweg befinden. Wir kommen an zwei geologischen Aufschlüssen am Prallhang der *Diemel* vorbei und erreichen **Lamerden**.

An der Einmündung geht es rechts an der Kirche vorbei, dann links auf der verkehrsarmen Landstraße Richtung *Hümme*, die uns längs des Prallhangs durch ein landschaftlich reizvolles Tal bis nach **Eberschütz** führt, wo das Diemeltal wieder breiter wird. Wir überqueren die *Diemel* und biegen dann an der ersten Hinweisbake für einen nachfolgenden Bahnübergang links in einen Wirtschaftsweg ein, der nach **Sielen** führt. Gleich nach dem Ortsschild und noch vor der Diemelbrücke biegen wir rechts in einen Wirtschaftsweg ein, folgen dem Knick nach links und sehen im Hintergrund *Trendelburg* liegen (geradeaus weiter Verknüpfung mit Tour 12). Wir biegen aber nach etwa 500 m nach rechts über eine kleine Brücke und erreichen nach einem kurzen Anstieg, nach dem wir uns rechts halten, parallel zur Bahnlinie *Hümme*, vorbei am Bahnhof und kommen an der Einmündung auf die Brückenstraße, der wir nach links folgen.

Hümme ist heute der älteste Ortsteil von Hofgeismar, dessen erste urkundliche Erwähnung in die Mitte des 9. Jahrhunderts fällt, wobei archäologische Einzelfunde um den heutigen Bahnhofsbereich auf eine römisch-kaiserzeitliche Siedlung hinweisen. Hümme hätte sicher eine andere Entwicklung genommen, wäre das ehrgeizige Projekt eines Kanals von Karlshafen durchs Diemel- und Essetal nach Kassel verwirklicht worden. Verwirklicht wurde dagegen 1849 die Friedrich-Wilhelm-Nordbahn, die bis 1966 von Bad Karlshafen bis hierhin führte. Geprägt ist das Erscheinungsbild Hümmes von zahlreichen diemelsächsischen Fachwerk-Deelenhäusern.

Wir fahren über die Essebrücke aus dem Ort und biegen nach gut 200 m rechts ab, vorbei am Sportplatz, und halten uns nach einem kleinen Anstieg weiter rechts. Auf asphaltiertem Wirtschaftsweg geht es durch das Essetal, der kurz nach einem Gehöft in einen Querweg mündet, dem wir nach links folgen, um nach weiteren 300 m wieder nach rechts abzuknicken. Nach etwa einem Kilometer erreichen wir die nordöstliche Spitze von *Hofgeismar*, wo sich auch gleich das Freibad befindet.

Nach einem halben Kilometer geht es rechts über die Brücke und durch die Barockanlagen *Gesundbrunnen* zur Bahnhofstraße die uns direkt zum Bahnhof — oder geradeaus weiter — in die historische Altstadt Hofgeismars führt.

Tour 14

Urwald und Dornröschenschloß – Von Hann.Münden durch den Reinhardswald und das Wesertal

Dort, wo sich die Werra, die ihren Ursprung im Thüringer Wald hat, und die Fulda, die aus der Rhön kommt, zur Weser vereinigen, liegt die Stadt Hann.Münden, eine Fachwerkstadt von europäischem Rang. Ihre wirtschaftliche Bedeutung erlangte die Stadt durch Handel, Schiffahrt und Handwerk. Sie ist südlichster Punkt der Oberweser-Personenschiffahrt. Hann.Münden ist günstiger Ausgangspunkt für vielfältige kulturelle und touristische Aktivitäten im hessischen Teil des Weserberglandes. Links der noch jungen Weser liegt Hessens größtes zusammenhängendes Waldgebiet (ca. 210 Hektar), der Reinhardswald, der mit Höhen bis zu 472 m im Westen und Norden von der Diemel begrenzt wird, die in Bad Karlshafen in die Weser mündet.

Die Tour führt zunächst am westlichen Rand des Reinhardswaldes entlang und bringt uns auf der „Deutschen Märchenstraße" vorbei am Naturschutzgebiet „Urwald Sababurg" zum Tierpark Sababurg und zum gleichnamigen „Dornröschenschloß", um dann über die Höhenstraße wieder ins Wesertal zurückzuführen.

Start und Ziel: Bahnhof Hann.Münden mit Anschluß an das InterRegio-Netz in Kassel oder Göttingen

Streckenlänge: 61 km

Verknüpfungsmöglichkeiten: im Westen von Hombressen nach Carlsdorf mit Tour 13, im Norden von Beberbeck über Friedrichsfeld nach Trendelburg mit Tour 12 oder von Sababurg über Gottsbüren und Gieselwerder nach Lippoldsberg mit Tour 10 sowie im Süden von Wilhelmshausen längs der Fulda mit Kassel

Steigungen: ein kräftiger Anstieg vom Fuldatal bis Holzhausen,

138

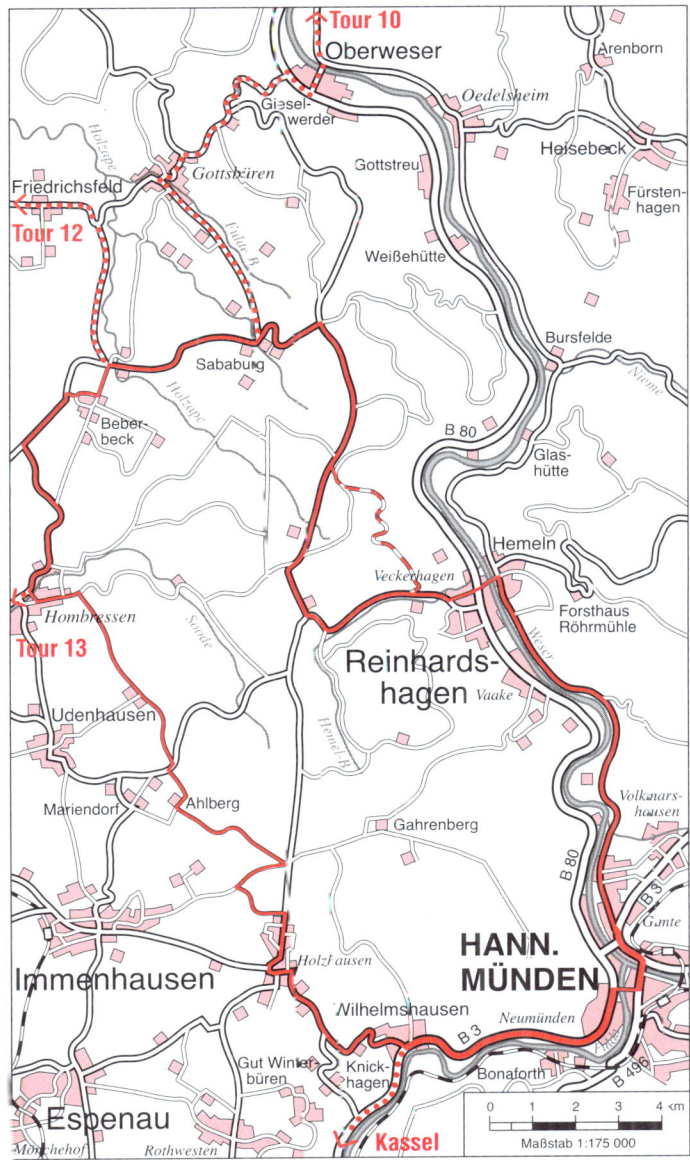

Tour 10
Oberweser

Arenborn

Giesel-
werder

Oedelsheim

Gottstreu

Heisebeck

Gottsbüren

Friedrichsfeld

Fürsten-
hagen

Tour 12

Holzape

Fulde R.

Weißehütte

Bursfelde

Nieme

Sababurg

Holzape

B 80

Beber-
beck

Glas-
hütte

Hemeln

Veckerhagen

Forsthaus
Röhrmühle

Hombressen

Sunde

Wieser

**Reinhards-
hagen**

Vaake

Tour 13

Udenhausen

Hemel B.

Mariendorf

Ahlberg

Gahrenberg

*Volkmars-
hausen*

B 80

B 3

**HANN.
MÜNDEN**

HolzHausen

Immenhausen

Gunte

Wilhelmshausen

Neumünden

Gut Winkel-
büren

Knick-
hagen

B 3

Bonaforth

B 496

Espenau

Mönchehof *Rothwesten*

Kassel

| 0 | 1 | 2 | 3 | 4 km |

Maßstab 1:175 000

139

wobei auf einer Strecke von 4 km ein kürzeres Teilstück acht Prozent Steigung aufweist; auf der weiteren Strecke noch einige kürzere und weniger steile Strecken

Wegebeschaffenheit: überwiegend asphaltiert, im Reinhardswald teilweise gut befahrbare Forstwege

Sehenswürdigkeiten: *Hann.Münden:* Historische Altstadt, Rathaus, Welfenschloß
Sababurg: Urwald, Tierpark und Dornröschenschloß

Gaststätten: neben zahlreichen Gaststätten in Hann.Münden auf der Strecke bis Sababurg tagsüber nur vereinzelt geöffnete Gaststätten; Kiosk im Tierpark Sababurg; im „Dornröschenschloß" das anspruchsvolle „Burghotel"; Restaurant „Amtsstuben" mit Biergarten und „Hotel Peter" mit Weser-Kaffeeterrasse in Reinhardshagen

Karten: Freizeitkarte Stadt und Kreis Kassel 1:75 000 (Städte-Verlag E. v. Wagner & J. Mitterhuber); Radwanderkarte „Radwandern im Landkreis Kassel" 1:75 000 (Wartberg Verlag Peter Wieden)

Informationen: Verkehrsverein Naturpark Münden e.V., Rathaus, 34346 Hann.Münden, Telefon 0 55 41 / 7 53 13-3 15, Telefax 0 55 41 / 7 54 04; Magistrat der Stadt Hofgeismar, Markt 1, 34369 Hofgeismar, Telefon 0 56 71 / 8 88 30, Telefax 0 56 71 / 8 88 55; Verkehrsamt Reinhardshagen, Mündener Straße 44, 34356 Reinhardshagen, Telefon 0 55 44 / 7 92 33, Telefax 0 55 44 / 7 92 40

Schon Alexander von Humboldt soll **Hann.Münden** als „eine der sieben schönstgelegenen Städte der Welt" bezeichnet haben. Als gesichert gilt, daß die Stadt in der zweiten Hälfte des 12. Jahrhunderts entstand, planmäßig angelegt wurde und bis 1247 im Besitz der Landgrafen von Thüringen war. Danach blieb die Stadt bis 1866 unter der Herrschaft des welfischen Fürstenhauses, das die bisherigen Rechte der Stadt bestätigte und ihr auch das sogenannte Stapelrecht verlieh. Dieses Stapelrecht, das bis Anfang des 19. Jahrhunderts Gültigkeit hatte, war über Jahrhunderte die wesentliche Grundlage für die wirtschaftliche

Blüte der Stadt, mußten doch alle Waren, die Hann.Münden erreichten und weitertransportiert werden sollten, abgeladen und zum Verkauf angeboten werden.

Über die Stadtmauern und Türme ragte damals aus dem Dächergewirr neben der Ende des 13. Jahrhunderts erbauten St. Blasiuskirche – eine dreischiffige gotische Hallenkirche deren Turm mit der welfischen Haube erst 1584 vollendet wurde – das massige Schloß der welfischen Herzöge hinaus, dessen Anfänge ebenfalls weit ins Mittelalter zurückreichen. Nach einem Brand Mitte des 16. Jahrhunderts begann der Wiederaufbau, und das Schloß blieb in dieser Gestalt weitgehend bis heute erhalten, während das Innere des Schlosses im Laufe der Jahrhunderte vielfältige Änderungen und Nutzungen erfuhr.

Eines der repräsentativsten Bauwerke der Weserrenaissance ist das 1603 neuerrichtete Rathaus, bei dem Teile des gotischen Vorgängerbaus mit einbezogen wurden. Erhalten sind heute vom mittelalterlich-frühneuzeitlichen Stadtbild die Ägidienkirche, die steinerne Werrabrücke, eine der ältesten Steinbrücken Norddeutschlands, und einige Türme der Stadtbefestigung. Wenngleich die wenigsten aus dieser Zeit stammen, geben die etwa 700 Fachwerkhäuser aus sechs Jahrhunderten der Stadt ein mittelalterliches Aussehen. Erfreulicherweise blieb Hann.Münden im Zweiten Weltkrieg fast ganz von Schäden verschont, und die beispielhaften denkmalpflegerischen Bemühungen brachten der Stadt, heute ein Fachwerkjuwel im Weserbergland, zahlreiche Auszeichnungen ein.

Eng verbunden ist Hann.Münden, das an der „Deutschen Märchenstraße" und der „Straße der Weserrenaissance" liegt, mit der schillernden Persönlichkeit des Wunderarztes Dr. Eisenbart, dessen Ruf als Scharlatan und Quacksalber wohl nicht der Wirklichkeit entsprach. Mit den Doktor-Eisenbart-Spielen, die im Sommer jeweils sonntags vor dem Rathaus aufgeführt werden, erinnert man noch gerne in anschaulicher und lustiger Weise seines Lebens und Wirkens.

Einen kleinen Ausflug kann man sich noch zum Weserstein, einem 70-Zentner-Quarzitstein am Zusammenfluß von *Fulda* und *Werra* gönnen, den zwei Mündener Fabrikanten 1899 mit einem selbstverfaßten Spruch aufstellten: „Und hier entsteht durch diesen Kuß – deutsch bis zum Meer – der Weserfluß".

Vom Bahnhof **Hann.Münden** können wir über die Bahnhofstraße in die Altstadt radeln oder gleich nach links über die Wallstraße und Fuldabrückenstraße auf der linken Brückenseite über die Fulda die Tour beginnen.

Auf der anderen Brückenseite halten wir uns links, wo auch gleich weiter nach links der ausgeschilderte Radweg mit Richtung Fuldatal beginnt. Hier wird der Radfahrer für ein kurzes steiles Stück gebeten, das Fahrrad zu schieben, was sinnvoll erscheint, da der schmale kombinierte Fuß-/Radweg durch Sträucher verdeckt gleich wieder scharf nach rechts weitergeht. Nun führt der Weg weiter durch eine Kleingartenkolonie und geht nach dem linkerhand liegenden Freibad in die nun offene Talaue der Fulda über. Nach etwa 3,5 km mündet der Radweg in die B 3, der wir nach links auf einer Strecke von etwa drei Kilometern folgen müssen, wo wir **Wilhelmshausen** erreichen (über den Fuldaradweg Verknüpfung mit *Kassel*).

In der Ortsmitte folgen wir nach rechts der Wegweisung *Holzhausen*. Am Ortsende beginnt nun das schwerste Stück Arbeit dieser Tour. Auf den vier Kilometern bis *Holzhausen* erwarten uns zwei kräftige Anstiege, wobei rund 150 Höhenmeter überwunden werden müssen. Das erste Stück der im Schatten liegenden Straße gibt dabei teilweise den Blick auf das unter uns liegende Fuldatal frei. Durch eine gut ein Kilometer lange Abfahrt in ein schönes Wiesental ist vor *Holzhausen* nochmals ein stärkerer Anstieg zu überwinden. In **Holzhausen** fahren wir an der Einmündung der querenden Ortsdurchfahrt rechts durch den Ort in Richtung *Reinhardshagen*. Am Ortsende biegen wir nach links in die Kleebergstraße ein, wo uns ein Holzschild den Weg zur „Freizeitanlage Glückauf" weist, wobei es nach etwa 200 m rechts über einen Forstweg geht.

Weiter geht es von dort rechts ab in Richtung *Roter Stock* bis zu einem Wildgatter, von wo aus nun nochmals ein

Femelinde bei Löwen

Hugenottenstadt Bad Karlshafen

Schloß Hofgeismar

mittlerer Anstieg auf etwa ein Kilometer Länge zu bewältigen ist. Damit ist im wesentlichen der höchste Punkt dieser Tour erreicht, und die landschaftlichen Reize der nachfolgenden Strecke entschädigen uns für die zurückgelegten Steigungen.

An dem dann erreichten Parkplatz *Roter Stock* geht es im spitzen Winkel nach links weiter auf einem gut befahrbaren Forstweg. Nach etwa zwei Kilometern kommen wir an **Ahlberg** heran, wo wir uns rechts halten. Bei Erreichen der Landstraße fahren wir rechts, vorbei an einem Forsthaus, und biegen kurz nach der Kurve wieder nach links in einen Forstweg in Richtung *Kaiserteich* ein. Von dort geht es geradeaus weiter, immer längs des Westrandes des Reinhardswaldes. Beim Verlassen des Waldes bietet sich ein schöner Blick ins Tal mit der Ortschaft **Hombressen**, dem größten dörflichen Stadtteil von Hofgeismar, in den wir nach links hinunterrollen. An der evangelschen Kirche aus dem frühen 18. Jahrhundert geht es rechts und an der Ortsdurchfahrt wieder rechts. (Links nach *Carlsdorf* Verknüpfung mit Tour 13.)

Nach Hombressen sind auf einer Länge von vier Kilometern noch einige Kuppen zu überwinden. (Auf verschiedenen Radfahrkarten ist von dieser Straße eine direkte Verbindung nach Beberbeck eingezeichnet, die man aber aufgrund des überaus schlechten Zustandes besser meiden sollte.)

Bei der Einmündung in die Kreisstraße halten wir uns wieder rechts und biegen dann an der Straßengabelung rechts nach

Beberbeck ab, ebenfalls ein Stadtteil von Hofgeismar. 1724 ließ dort Landgraf Carl ein Gestüt errichten, wobei die weitläufigen Gebäude im klassizistischen Stil erbaut wurden. Das 1840 fertiggestellte Jagdschloß beherbergt heute ein Altenheim. Das ehemalige Gestüt, in dem bis 1929 Trakehner-Pferde gezüchtet wurden, ist heute eine Staatsdomäne mit über tausend Hektar Bewirtschaftungsfläche.

Wir verlassen Beberbeck (über *Friedrichsfeld* nach *Carls-dorf* Verknüpfung mit Tour 12), wobei wir der nach links abbiegenden Eichenallee folgen, bis wir – uns immer rechts haltend – an die Kreisstraße 55 gelangen, die uns nach einem weiteren Anstieg zum Naturschutzgebiet **Urwald Sababurg** führt, ein seit über 80 Jahren unberührter Naturwald mit einer Größe von rund 920 000 qm. Es handelt sich dabei um ein forstgeschichtliches Dokument der Waldweidenutzung, die bis in die zweite Hälfte des 19. Jahrhunderts erfolgte. Zu sehen sind in dem malerischen Gebiet gewaltige 200- bis 600jährige zum Teil absterbende Hudeeichen und über 400jährige Buchen.

Nach knapp zwei Kilometern erreichen wir rechterhand den

Tierpark Sababurg, der anno 1571 vom damaligen hessischen Landgrafen an der Sababurg, dem Jagdschloß im Herzen des Reinhardswaldes, eingerichtet wurde. Nach dem Tod des Landgrafen fiel der Tierpark, der mit einer fünf Kilometer langen Mauer umschlossen war, in einen jahrhundertelangen Schlaf, aus dem er erst 1971 wieder erwachte. Der damalige Landkreis Hofgeismar hatte sich zur Aufgabe gemacht, die Tradition einer der ältesten zoologischen Einrichtungen Europas wiederaufleben zu lassen. Fortan sollte sie vor allem der Arterhaltung und Rückzüchtung von Großtieren dienen, die einmal in Europas Wäldern heimisch waren. So sind heute unter den bald 300jährigen Eichen neben vielen anderen Tieren stattliche Herden zotteliger Wisente, Auerochsen und Urwildpferde zu sehen.

In einem 350jährigen diemelsächsischen Bauernhaus ist ein Forst- und Jagdmuseum eingerichtet, neben dem gelegentlich der Köhler seinen Meiler schwelen läßt, und für die Jüngsten gibt es neben einem Spielplatz auch einen Kinderzoo. Der Tierpark ist ganzjährig geöffnet.

Vom Tierpark Sababurg fahren wir weiter auf der Kreis-straße (links über *Gottsbüren* und *Gieselwerder* nach *Lippoldsberg* Verknüpfung mit Tour 10) bis zur ein Kilometer entfernt liegenden Sababurg weiter.

Die 1334 erbaute **Sababurg** verdankt ihre Entstehung dem Mainzer Erzbischof. 1445 ist die Burg verwüstet worden, 35 Jahre später wurde sie als Jagdschloß der hessischen Landgrafen wieder aufgebaut. Nach schweren Beschädigungen im Dreißigjährigen Krieg und nachfolgenden Umbauten begann im 19. Jahrhundert der allmähliche Verfall. 1959 begann das Land Hessen mit einem nutzungsgerechten Ausbau eines Teils der Anlage zu einem Restaurant mit angeschlossenem Hotel. Touristisch sehr werbewirksam ist die Verbindung der Sababurg mit dem „Dornröschen'-Märchen der Brüder Grimm.

> Wir radeln weiter auf der Kreisstraße in östlicher Richtung und erreichen einen Parkplatz, wo wir nach rechts abbiegen. Hier geht es dann durch Mischwald auf dem Rücken des *Reinhardswaldes*, wobei die Straße anfangs leicht ansteigt.

Auf dieser Strecke befinden sich mehrere interessante Informationstafeln zu waldspezifischen Themen wie „Hilfe für den Wald", „Fichten klagen", „Spannende Geschichte", „Luftschadstoffe", „Buchen sterben" oder „Wert des Waldes". Vielfach wird der Besucher auch mit dem Hinweis „Im Reinhardswald gibt es keine Papierkörbe. Nimm die Erinnerung mit und den Abfall" an ein umweltbewußtes Verhalten erinnert.

> Bald erreichen wir den Wanderparkplatz *Staufenberg*, wo wir nach links die Forststraße nehmen können. Nach dem Wildgatter beginnt auch gleich auf einer Strecke von knapp fünf Kilometern die weitestgehend gut befahrbare, aber steile Abfahrt hinunter ins Wesertal, wobei wir uns immer rechts halten.

> **Variante:** Wer es lieber asphaltiert mag, fährt auf der Höhenstraße weiter, die teilweise durch einen Eichenwald führt. Bei der Einmündung geht es nach links in Richtung *Veckerhagen* in rasanter Fahrt durch eine prächtige alte Eichenallee hinunter ins Wesertal.

> Wer die Forststraße nimmt, erreicht im Tal wieder ein Wildgatter, wo es dann nach links auf der Landstraße nach **Veckerhagen** geht, das zu **Reinhardshagen** gehört, ei-

nem Luftkurort an der Weser, eingebettet zwischen Reinhardswald und Bramwald. Wir überqueren die Durchgangsstraße, fahren mit der Gierseil-Fähre über die Weser und erreichen auf der anderen Weserseite **Hemeln**. (Von Reinhardshagen führt auch ein straßenbegleitender Radweg nach Hann.Münden, der aber wegen des teilweise starken Verkehrs nicht zu empfehlen ist.)

Unmittelbar an der Fähre führt uns weseraufwärts der separate Weser-Fernradweg ins elf Kilometer entfernte *Hann.Münden*, wobei man einen schönen Blick auf die gegenüberliegenden Fachwerkdörfer an der Weser und die Höhenzüge des Reinhardswaldes hat. Und linkerhand bauen sich die Höhenzüge des *Bramwaldes* auf. Wo der Radweg in die B 3 einmündet, fahren wir geradeaus in Richtung *Witzenhausen* weiter. Hier bietet sich ein schöner Blick auf die Stadt sowie auf die Stelle, wo sich „Werra und Fulda küssen" und zur *Weser* vereinigen.

Über die alte Werra-Steinbrücke von 1329 radeln wir durch die Altstadt von Hann.Münden zum Bahnhof zurück.

Ortsregister

Landkreis Holzminden

Kulturlandschaft mitten im Weserbergland

Der Landkreis Holzminden bietet vielfältige Möglichkeiten für einen Urlaub.

Radfahren auf dem R1 oder dem Radfernweg Weser, Wandern, Reiten, Golf- und Tennisspielen, Schwimmen und andere Aktivitäten, Dampferfahrten auf der Oberweser und der Besuch von Schlössern, Burgen und Klöstern in einer sagenhaften Gegend bieten Ihnen alle Möglichkeiten für ein paar erlebnisreiche Tage.

Nähere Informationen erhalten Sie beim:

Landkreis Holzminden
Amt für Fremdenverkehr
Postfach 1353 · 37593 Holzminden
Tel.: 05531 / 707 278